Karin Salzberg-Ludwig/Gerald Matthes (Hrsg.)

Lernförderung im Team

Webcode: Sie können die Kopiervorlagen aus dem Internet als pdf-Datei herunterladen. Sie finden dazu eine Zahlenkombination jeweils unten auf der Buchseite. Geben Sie diese unter www.cornelsen.de/webcodes ein.
Achten Sie bitte darauf, dass beim Ausdrucken bei Seitenanpassung „In Druckbereich einpassen" aktiviert ist, damit Sie eine DIN-A4-Seite bekommen.

Lehrerbücherei
Grundschule

Herausgeber

Gabriele Cwik war Rektorin an einer Grundschule und pädagogische Mitarbeiterin im Ministerium für Schule und Weiterbildung des Landes Nordrhein-Westfalen. Sie ist Schulrätin in der Schulaufsicht der Stadt Essen und zuständig für Grundschulen.

Dr. Klaus Metzger ist Regierungsschuldirektor, zuständig für alle fachlichen Fragen der Grundschule und die zweite Phase der Lehrerausbildung für Grund- und Hauptschulen im Regierungsbezirk Schwaben/Bayern.

Die Herausgeber und Autoren dieses Bandes

Dr. Karin Salzberg-Ludwig ist Privatdozentin, Diplomlehrerin und wissenschaftliche Mitarbeiterin an der Universität Potsdam.

Dr. Gerald Matthes ist Sonderpädagoge, Diplompsychologe und war als Lehrer, Lerntherapeut und Hochschullehrer tätig.

Die Autoren **Angela Dietl, Gudrun Hansen, Anne Mudrack-Raeck** und **Thomas Schumacher** sind Sonderpädagogen. Angela Dietl arbeitet als Schulpsychologin, Gudrun Hansen und Anne Mudrack-Raeck sind als Lerntherapeutinnen tätig, Thomas Schumacher ist stellvertretender Schulleiter.

Karin Salzberg-Ludwig/Gerald Matthes (Hrsg.)

Lernförderung im Team

Temporäre Lerngruppen koordinieren
Förderung im sprachlichen
und mathematischen Bereich
Für alle Jahrgangsstufen

Bitte vergrößern Sie die Kopiervorlagen mit 141 %. Sie erhalten dann eine DIN-A4-Seite.
Oder Sie benutzen den Webcode zum Ausdrucken einer Kopiervorlage.
Die in diesem Werk angegebenen Internetadressen haben wir überprüft (Redaktionsschluss:
April 2011). Dennoch können wir nicht ausschließen, dass unter einer solchen Adresse inzwischen ein
ganz anderer Inhalt angeboten wird.
Nicht in allen Fällen war es uns möglich, die Rechteinhaber ausfindig zu machen. Berechtigte Ansprüche werden selbstverständlich im Rahmen der üblichen Vereinbarungen abgegolten.
Wir bitten um Verständnis.

www.cornelsen.de

Bibliografische Information: Die Deutsche Bibliothek verzeichnet diese Publikation in
der Deutschen Nationalbibliografie; detaillierte bibliografische Daten sind im Internet über
http://www.dnb.de abrufbar.

1. Auflage 2011
© 2011 Cornelsen Verlag Scriptor GmbH & Co. KG, Berlin
Das Werk und seine Teile sind urheberrechtlich geschützt. Jede Nutzung in anderen als den
gesetzlich zugelassenen Fällen bedarf deshalb der vorherigen schriftlichen Einwilligung des Verlags.
Hinweis zu §§ 46, 52 a UrhG: Weder das Werk noch seine Teile dürfen ohne eine solche Einwilligung
eingescannt und in ein Netzwerk gestellt oder sonst öffentlich zugänglich gemacht werden.
Dies gilt auch für Intranets von Schulen und sonstigen Bildungseinrichtungen.
Projektleitung: Gabriele Teubner-Nicolai, Berlin
Redaktion: Anja Sieber, Berlin
Herstellung: Brigitte Bredow, Regina Meiser, Berlin
Reihengestaltung: zweiband.media, Berlin
Satz/Layout: Ludger Stallmeister, Wuppertal
Umschlaggestaltung: Claudia Adam, Darmstadt; Torsten Lemme, Berlin
Umschlagfoto: © Christian Schwier – Fotolia.com
Bild- und Quellennachweis: S. 54: Silbenteppich von Lisa Dummer-Smoch und Renate Hackethal aus:
Kieler Leseaufbau © Veris Verlag, Kiel 2007; S. 119 u. 121: Susanne von Weymarn, Hildesheim; S. 125:
Senatsverwaltung für Bildung, Wissenschaft und Forschung (Hrsg.), LauBe, Berlin 2007; S. 127–130:
Senatsverwaltung für Bildung, Jugend und Sport (Hrsg.), Lerndokumentation Sprache (Meilensteine),
FörMig, Berlin 2008
Druck und Bindung: CPI – Clausen & Bosse, Leck
Printed in Germany
ISBN 978-3-589-05188-5

 Inhalt gedruckt auf säurefreiem Papier,
umweltschonend hergestellt aus chlorfrei gebleichten Faserstoffen.

Inhalt

Vorwort ... 7

1 Individuelle Lernförderung in Schulen ... 8
Karin Salzberg-Ludwig/Gerald Matthes
1.1 Ausgangssituation ... 8
1.2 Theoretischer Rahmen des Handlungskonzepts
zur individuellen Lernförderung ... 13

2 Grundlagen der Teamberatungen ... 17
2.1 Konzeptionelle Voraussetzungen ... 17
2.2 Determinanten der Interaktion im Prozess der Beratung ... 20

3 Gestaltung der Teamberatung ... 24
3.1 Voraussetzungen schaffen ... 24
3.2 Problemaufriss ... 24
3.3 Analyse der Lernausgangslage ... 27
3.4 Erarbeitung einer individuellen Zielstellung ... 33
3.5 Erarbeitung von Lösungsvorschlägen ... 37
3.6 Entscheidungsfindung vor der Umsetzung ... 43
3.7 Unterstützungsprozess ... 44
3.8 Überprüfung der Fördermaßnahmen und Erörterung
des weiteren Förderbedarfs ... 47
3.9 Zusammenfassung – Die acht Schritte zum Gelingen einer Teamberatung ... 50

4 Unterstützende Methoden bei Stolpersteinen ... 52
Angela Dietl
4.1 Unterstützung beim Lesenlernen ... 52
4.2 Unterstützung beim Schreibenlernen ... 56
4.3 Unterstützung beim Erwerb des Zahlbegriffs und Rechnenlernen ... 62

5 Selbstreflexion und Fallbeispiele ... 67
5.1 Fragen zur Selbstreflexion ... 67
5.2 Laura – ein Mädchen, das individuelle Hilfe beim Lesenlernen benötigte
(Klasse 1) ... 71
5.3 Tim – ein Junge, der individuelle Hilfe beim Lesen- und Rechnenlernen benötigte (Klasse 2) ... 76

6 Förderung in temporären Lerngruppen am Schulanfang ... 86
Thomas Schumacher
6.1 Temporäre Lerngruppen ... 86
6.2 Einrichtung temporärer Lerngruppen und was im Vorfeld zu tun ist ... 90
6.3 Wie fördern? – Förderziele und Materialien ... 95
6.4 Konkrete Gestaltung einer Förderstunde ... 98
6.5 Weitere Unterstützung der Kinder durch Teamarbeit ... 104
6.6 Zusammenfassung ... 106

7 Mündliche Sprachförderung im Projekt „Zaubern" ... 107
Anne Mudrack-Raeck/Gudrun Hansen
7.1 Problemstellung ... 107
7.2 Diagnostik der Lernausgangslage ... 109
7.3 Planung der Ziele und Grundlagen des Förderprogramms ... 112
7.4 Umsetzung der Fördereinheit im Projekt „Zaubern" ... 116
7.5 Evaluation und Lerndokumentation ... 122
7.6 Anlagen ... 124

Anhang: Förderdiagnostische Kriterien ... 131
Gerald Matthes
Weltwissen und praktische Kompetenzen ... 131
Lesen und Schreiben ... 132
Mathematik ... 135
Motorik ... 140
Wahrnehmung ... 141
Sprache ... 143
Denken ... 145
Selbstkontrolle des Verhaltens ... 146
Soziale Kompetenzn ... 146
Lern- und Leistungsmotivation ... 148
Selbstbild und Selbstwerterleben ... 149
Lern- und Arbeitsverhalten, Konzentration, Handlungsausführung ... 150

Literatur ... 152
Register ... 157

Vorwort

Mit der Unterzeichnung der UN-Behindertenrechtskonvention hat sich die Bundesrepublik Deutschland verpflichtet, Menschen mit Behinderungen die vollständige Teilhabe am gesellschaftlichen Leben zu garantieren. Damit wird auch ihnen das gleiche Recht auf Bildung zuerkannt. Die Verantwortung für behinderte und benachteiligte Schülerinnen und Schüler wird zukünftig dominant von der allgemeinen Schule übernommen. Darauf muss sich das Bildungssystem in den kommenden Jahren einstellen.

Den Bedürfnissen von Kindern und Jugendlichen mit Behinderungen, Beeinträchtigungen oder auch Benachteiligungen ist durch Ausgleichsmaßnahmen und Lernzieldifferenzierungen zu entsprechen. In diesem Kontext sind unterrichtsorganisatorische und didaktische Konzepte zu hinterfragen und neue Wege der pädagogischen Arbeit zu suchen.

Die Autorinnen und Autoren dieses Buches haben sich auf den Weg begeben und ein Handlungskonzept zur Lernförderung von Schülerinnen und Schülern, die anders lernen, entwickelt und praktisch erprobt.

Im Mittelpunkt steht die enge Verknüpfung von diagnostischem und didaktischem Handeln im Unterricht. So sind die detailgenaue Beobachtung und Analyse der Lernprozesse, die aktive Suche nach gelingenden Lern-Lehr-Interaktionen, die gemeinsame Beratung und Kooperation der Beteiligten und die Reflexion des pädagogischen Geschehens nicht voneinander zu trennen. Die Schwerpunkte und Schritte von Teamberatungen werden am Beispiel des förderdiagnostischen Prozessmodells dargestellt, das eine Orientierung über die Lernausgangslage des Kindes, die Planung von Förderzielen und Maßnahmen, Überlegungen zur Lernförderung und die Sondierung der Lern- und Lebenssituation des Kindes bis hin zur Erörterung des bestehenden Förderbedarfs verknüpft.

Dafür stellen wir praktische Lösungsansätze vor und würden uns freuen, wenn unsere Leserinnen und Leser von diesen Anregungen in der Gestaltung einer individuellen Lernförderung profitieren können.

Potsdam, April 2011
Karin Salzberg-Ludwig und Gerald Matthes

Individuelle Lernförderung in Schulen

Karin Salzberg-Ludwig/Gerald Matthes

In diesem Kapitel wird zunächst dargestellt, welche Anforderungen an schulisches Lernen gestellt werden und welche Faktoren zum Gelingen einer Lernhandlung beitragen können. Auf dieser Grundlage wird ein Handlungskonzept zur individuellen Lernförderung entwickelt und in seinen Komponenten beschrieben.

1.1 Ausgangssituation

Das institutionalisierte Lernen in der Schule stellt ganz besondere Anforderungen an die Schüler, sollen sie sich doch systematisch Kenntnisse, Fähigkeiten und Fertigkeiten aneignen, die einem gesellschaftlich bedingten Normsystem entsprechen. Von der Kultusministerkonferenz vorgegebene Bildungsstandards bilden hierfür die Grundlage und stellen gleichzeitig das Bezugssystem für bundesweite Leistungsvergleiche dar. In diesen Prozess werden alle Kinder und Jugendlichen gleichermaßen einbezogen, auch wenn deren Lernausgangslage sehr unterschiedlich sein kann.

Entwicklungsunterschiede von Erstklässlern

In zahlreichen Studien wurde nachgewiesen, dass die Entwicklungsunterschiede von Erstklässlern drei bis vier Jahre betragen können und dass die Anzahl der Kinder mit Lernschwierigkeiten zwischen 10 und 20 Prozent liegt (MATTHES 2009, 24; OPP/WENZEL 2002, 18; LAUTH/GRÜNKE/BRUNSTEIN 2004, 14 ff.). Der Blick in eine erste Grundschulklasse zeigt schon nach ein paar Wochen doch recht große Unterschiede im Bewältigen der schulischen Anforderungen:

- Während Lena die Anfangslaute noch nicht sicher benennen kann, liest Daniel schon kurze Texte und fasst schnell auf, kann sich aber dem langsameren Lerntempo seiner Mitschüler nicht anpassen und stört diese durch Hineinreden.
- Paul kann nicht länger als fünf Minuten konzentriert arbeiten, und Marlene hat vor jedem Misserfolg so große Furcht, dass sie um für sie schwere Anforderungen einen großen Bogen macht.

Die hier skizzierten Unterschiede im Lernen sind in jeder Schulklasse anzutreffen und zeigen sich zum einen in den Voraussetzungen zur Verarbeitung des Lernstoffes und zum anderen in den Lernaktivitäten der Kinder.

Besondere Begabungen und Schwierigkeiten gehören zum Alltag einer jeden Lerngruppe. Sie zu erkennen und angemessene Unterstützungsangebote vorzuhalten, ist Aufgabe des schulischen Unterrichts. Damit stehen die Lehrer vor der großen Herausforderung, das Lernangebot auf die individuelle Situation jedes einzelnen Kindes auszurichten.

Das bedeutet, alle Schüler müssen die Chance erhalten, erfolgreich zu lernen. Auch wenn diese Aussage selbstverständlich erscheinen mag, so ist es doch längst nicht schulischer Alltag, dass alle Kinder und Jugendlichen erfolgreich lernen. Auch das wurde in den vergangenen Jahren vielfach beschrieben und zeigt sich explizit in der Tatsache, dass im Sommer 2008 rund 65 000 Schüler (das sind 7,5 Prozent eines Jahrgangs) die Schule ohne Hauptschulabschluss verlassen haben (KLEMM 2010, 4). Die Voraussetzungen für einen gelungenen Schulabschluss, der so vielen jungen Menschen versagt blieb, werden in der Regel in den ersten Schuljahren gelegt.

Die Erkenntnisse zu den Komponenten, die zu einem erfolgversprechenden Lernhandeln führen, können zur Grundlage des pädagogischen Handelns werden. In Anlehnung an KRETSCHMANN/DOBRINDT/BEHRING (1998) gelingt die Lernhandlung dann, wenn

Lernchancen durch Lernhandeln

- der Schüler motiviert ist, sich mit der Aufgabe zu beschäftigen. Er zeigt Interesse und identifiziert sich mit der Aufgabe. Die Gründe dafür können sehr unterschiedlich sein, wie z. B. die Hoffnung auf Anerkennung oder der Wunsch, einer Kritik zu entgehen.
- der Schüler seine Leistungsfähigkeit realistisch einschätzt, überzeugt davon ist, die Aufgabe bewältigen zu können und somit zuversichtlich in Bezug auf den zu erwartenden Erfolg ist.
- sich der Schüler in einem Zustand der Wachheit und Leistungsbereitschaft befindet und sich somit dem Lerngegenstand mit Aufmerksamkeit widmen kann.
- der Schüler Arbeitsanweisungen versteht und sich mit lösungsrelevanten Informationen auseinandersetzen kann.
- der Schüler sein Lernhandeln planen, strukturieren, zeitlich einteilen und gedanklich vorwegnehmen kann.
- der Schüler die Aufgabe ohne Ablenkung und Unterbrechung zu Ende führen kann und ein Interesse an deren Vollendung hat.
- der Schüler eine Verlaufs- und Erfolgskontrolle vornehmen kann.
- der Schüler eine realistische Bewertung der Ergebnisse und Deutung des Ausmaßes und der Ursachen von Erfolg und Misserfolg vornehmen kann (Abb. 1.1).

Bei gelingenden Lernhandlungen kann der Schüler die Informationen der Aufgabe verarbeiten, ist motiviert und kann sein Handeln steuern. Aufmerksam und interessiert beschäftigt er sich mit dem Lerngegenstand, der ihn weder über- noch unterfordert, und bringt sein Wissen ein.

Abbildung 1.1: Faktoren für erfolgreiches Lernen

Ein solches Lernhandeln ist auf allen Niveaustufen der kognitiven Entwicklung möglich – sowohl bei Lena und Paul als auch bei Daniel und Marlene aus dem Eingangsbeispiel, ebenso bei Kindern mit sogenannten Lernbeeinträchtigungen und Teilleistungsstörungen. Voraussetzung dafür ist, dass die Lernangebote und -bedingungen den individuellen Möglichkeiten der Kinder entsprechen. Sind einige der oben genannten Faktoren nicht ausgeprägt, kommt es zu „unvollständigen" Lernhandlungen. Die Kinder haben keinen Erfolg beim Lernen und finden unter ungünstigen Bedingungen keinen Anschluss mehr. Es ist demzufolge unerlässlich, den Prozess der Lernhandlung im Blick zu behalten. Der Analyse des Lernhandelns liegt eine Theorie zugrunde, die davon ausgeht, dass die Voraussetzungen zur Informationsaufnahme und -verarbeitung (Kompetenzen in den Lernbereichen und basale Kompetenzen) und die Lernaktivität (Ziele, Motivation,

Grundbedürfnisse und die Handlungssteuerung) in Wechselwirkung zueinander stehen *und* sich gegenseitig beeinflussen. Die Abbildung 1.2 zeigt das entsprechende Ausgangsschema für die konkrete Beschreibung und Analyse der Voraussetzungen erfolgreichen Lernens.

Vierfeldertafel zum Auffinden der Gründe für unzureichende Lernhandlungen

Abbildung 1.2: Ausgangsschema für die Analyse der Voraussetzungen erfolgreichen Lernens

Wenn eine Lernhandlung nicht gelingt, kann dies zum einen daran liegen, dass dem Kind die Informationen nicht zugänglich sind. Ihm fehlen die Voraussetzungen der Informationsverarbeitung (bereichsspezifisches bzw. bereichsübergreifendes Wissen). Andererseits oder zusätzlich können die Ursachen von Schwierigkeiten im Umgang mit den Lernaufgaben, also in mangelnder Motivation oder zu geringer Handlungssteuerung liegen (s. Kap. 8, S. 148 ff.).

Systemische Sichtweise

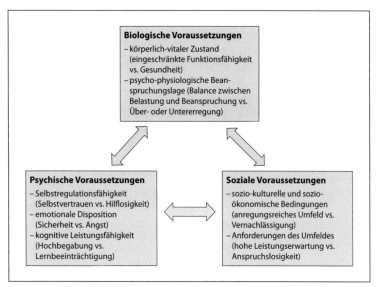

Abbildung 1.3: Bio-psycho-soziale Voraussetzungen des Lernens

Für die Förderung der Kinder mit Lernschwierigkeiten ist es wichtig, dass diese Komponenten nicht isoliert, sondern in ihrem komplexen, ganzheitlichen Wirken betrachtet werden. Das lenkt den Blick auch auf die biologischen, psychischen und sozialen Voraussetzungen der Schüler und Lehrer, welche die Lernhandlung beeinflussen.

Die in der Abbildung 1.3 dargestellten Voraussetzungen sind hochkomplex in ihrer Wirkung und sicherlich nicht vollständig. Dennoch müssen sie in dieser Komplexität und Wechselwirkung in pädagogischen Handlungsfeldern Berücksichtigung finden. Das kann durch eine gute Zusammenarbeit des pädagogischen Teams geleistet werden, in der die Prozesse der Interaktion zwischen den Lehrern, den Schülern, den Eltern und anderen Bezugspersonen verstanden und positiv beeinflusst werden.

Unter Berücksichtigung der o. g. Komplexität kann davon ausgegangen werden, dass die Verhaltensmöglichkeiten der Schüler und auch der Lehrer sehr vielschichtig und vielfältig sind. Die Abbildungen zeigen gleichzeitig, dass die pädagogischen Maßnahmen auf unterschiedlichen Ebenen und Eingriffsstellen ansetzen und ein breites Spektrum haben können, von der Gestaltung des Lernhandelns über die Berücksichtigung der biologischen und psychologischen Voraussetzungen bis zur Einbeziehung und Unterstützung der Eltern u. a. m.

Diese Vielfalt wird in der Darstellung der individuellen Unterstützungsangebote für ein erfolgreiches Lernen für die eingangs beschriebenen Kinder deutlich:
- So führt Lena mit ihrer Schülerpatin dreimal wöchentlich 15 Minuten lang spezielle Übungsaufgaben zur Anlautanalyse durch. Dafür stehen Anlaut-Wortspiele, Bildkarten, Puzzle und andere Materialien zur Verfügung.
- Daniel erstellt in der Freiarbeit einen kleinen Text zu seinem Lieblingsthema „Fußball und Werder Bremen", den er dann seinen Mitschülern vorstellen darf.
- Mit Paul wird ein Selbstinstruktionsverfahren trainiert, welches ihm dabei helfen soll, seine Konzentrationsfähigkeit zu steigern.
- Marlene erhält die Möglichkeit, in einer kleinen Gruppe zu arbeiten, um dort ihre Ergebnisse vorzustellen. Die Angst vor Misserfolg und Versagen wird somit schrittweise abgebaut.

Allein die skizzierten „Fälle" machen deutlich, wie vielschichtig die Anforderungen an das Lehrer-Handeln in heterogenen Lerngruppen sind. Für deren Bewältigung werden Konzepte benötigt, die in der täglichen Praxis umsetzbar sind.

1.2 Theoretischer Rahmen des Handlungskonzepts zur individuellen Lernförderung

Das hier dargestellte Handlungskonzept für die Teamarbeit zur individuellen Lernförderung in integrativen Lerngruppen widmet sich dieser Aufgabe. Mit der Entwicklung dieses Konzepts wird das Ziel verfolgt, den Prozess der Diagnostik und Förderung so zu gestalten, dass Kindern mit einem besonderen Förderbedarf im Rahmen des Unterrichts an der Regelschule entsprochen werden kann. Das entsprechende Handlungsmodell (Abb. 1.4) berücksichtigt drei Bezugssysteme:
- die Wert- und Normvorstellungen im Umgang mit beeinträchtigten und behinderten Menschen,
- die Handlungskompetenzen Diagnostizieren, Fördern und Beraten
- und das förderdiagnostische Prozessmodell.

Von den Werten und Normen zum förderdiagnostischen Prozess

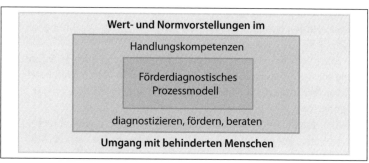

Abbildung 1.4: Rahmenmodell des Handlungskonzepts

Der alles umschließende Rahmen wird erstens von den Wert- und Normvorstellungen der Menschen getragen, die eine inklusive Schule gestalten wollen. Wenn es für sie normal ist, die Einzigartigkeit jedes Menschen anzuerkennen, dann werden auch beeinträchtigte und behinderte Kinder, die in ihrem Lernen von der regulären Schulnorm abweichen, als autonome, reflexive Personen akzeptiert. Die Wert- und Normvorstellungen der Handelnden prägen die Akzeptanz der Verschiedenheit und des Andersseins. Darin liegt die Grundlage für die bedingungslose Annahme aller Schüler in inklusiven Schulen.

Um den komplexen Anforderungen der individuellen Förderung in der Regelschulklasse gerecht werden zu können, sind zweitens Handlungskompetenzen zur Diagnostik von Beeinträchtigungen im Lernverhalten, Kenntnisse angemessener Förder- und Interventionskonzepte, die Fähigkeit zur Teamarbeit von Sonderpädagogen und Regelschullehrkräften sowie Kompetenzen in der Gestaltung von Beratungsgesprächen nötig.

Darauf aufbauend kann dann drittens ein Handlungskonzept umgesetzt werden, dem das förderdiagnostische Prozessmodell – OPUS und das Konzept der kooperativen Beratung zugrunde liegt. Das Förderdiagnostische Prozessmodell – OPUS umfasst **vier Komponenten:**

- die **Orientierung** über die Lernausgangslage als kontinuierliche Aufgabe,
- die **Planung** wichtiger Förderziele und -maßnahmen,
- die individuelle **Unterstützung** (Anpassung des Regelunterrichts an die individuellen Lernvoraussetzungen, Förderunterricht und weitere Unterstützungsmethoden)
- und die **Sondierung** der Lern- und Lebenssituation einschließlich der zusammenfassenden Einschätzung des Förderbedarfs (MATTHES 2009, 79 f.).

Die Komponenten bedingen und ergänzen sich, was in Abbildung 1.5 sehr gut deutlich wird.

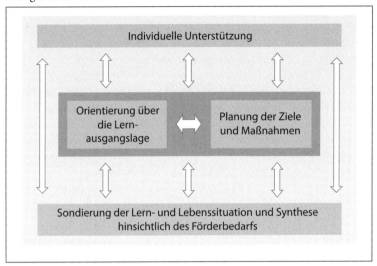

Abbildung 1.5: Förderdiagnostisches Prozessmodell – OPUS

Mit diesem Verfahren wird die Strategie verfolgt, Kinder mit einem besonderen Förderbedarf im kognitiven, sprachlichen und/oder sozialen Bereich im Unterricht der allgemeinen Schule adäquat zu fördern. Damit dieses Ziel erreicht werden kann, wird die reguläre Förderung durch eine sonderpädagogische Unterstützung und eine prozessbegleitende und vertiefende sonderpädagogische Diagnostik erweitert. Dem diagnostischen Prozess liegen folgende Leitgedanken zugrunde. Es wird diagnostiziert,
- wie das Kind lernt: Welche Lernstrategien wendet es an? Durch welche Leitmotive und Gewohnheiten wird das Verhalten bestimmt? Wodurch ist eine sprachlich-kommunikative Störung bedingt?
- auf welchem Niveau das Kind lernt und wo die „Zone der nächsten Entwicklung" liegt. Die Zone der nächsten Entwicklung ist nach WYGOTSKI der Anforderungsbereich, den ein Kind *mit angebotener Hilfe bald selbstständig* bewältigen kann. Sie zeigt sich darin, auf welchem Niveau das Kind lernt, welche Hinweise und Arbeitsmittel es verstehen und nutzen kann. Kinder mit Beeinträchtigungen der Lernfähigkeit haben eine relativ kleine Zone der nächsten Entwicklung. Sie kommen nur in kleinen Schritten voran.

Leitfragen des diagnostischen Handelns

Die Diagnostik richtet sich darauf, wo das Kind im Lernprozess und in der Entwicklung steht und wie es sich Wissen aneignet. Somit werden die Arbeitsergebnisse des Schülers zu diagnostischen Daten und die Lehrer erhalten durch diese eine Orientierungsgrundlage für das weitere pädagogische Vorgehen.

Bei Kindern mit Lernschwierigkeiten sind häufig Probleme in mehreren Lern- und Entwicklungsbereichen zu beobachten. Um darüber einen Überblick zu erhalten, müssen die Stärken und Schwächen der Schüler sichtbar gemacht werden. Das kann mithilfe eines Kompetenzprofils geschehen, das die wesentlichen Lern- und Entwicklungsbereiche vom Weltwissen und den praktischen Kompetenzen bis hin zum Lern- und Arbeitsverhalten und den sozialen Kompetenzen beinhaltet. Aus den Erkenntnissen zum Lern- und Entwicklungsstand des Kindes werden individualisierte Ziele zur Ausbildung und Entwicklung des Lernhandelns für überschaubare Fördereinheiten abgeleitet. Im besten Fall werden in diesen Prozess der Planung auch die Kinder einbezogen.

Während der Förderung und Unterstützung des Kindes zeigt sich dann, ob die Ziele zu hoch oder zu niedrig angelegt waren, d. h., ob sie in der Zone der nächsten Entwicklung liegen. Dabei ist unvermeidlich, dass Ziele auch manchmal eine Zeitlang verfehlt werden. Dieser Anpassungsprozess ist ein Beleg dafür, dass sich das Kind im Prozess der Förderung entwickelt. Es kommt darauf an, zu erkennen, wann eine Anpassung der Ziele notwendig ist und diese dann auch wirklich zu realisieren. Voraussetzung dafür ist eine kontinuierliche Förderung und Unterstützung des Kindes.

Immanenter Bestandteil dieses Prozesses sind die Sondierung der Lern- und Lebenssituation und die Synthese hinsichtlich des Förderbedarfs. In dieser Phase wird auf die Förderbedingungen und das Fördergeschehen geschaut. Da die Lehrer Teil des Geschehens sind, müssen sie von Zeit zu Zeit aus dem Rahmen des Geschehens heraustreten, um es einschätzen zu können. Das kann in gut strukturierten Beratungsgesprächen erfolgen.

Grundlagen der Teamberatungen

Karin Salzberg-Ludwig/Gerald Matthes

Entscheidend für das Gelingen der förderdiagnostischen Arbeit ist die Teamarbeit zwischen all den Personen, die in den Prozess der Förderung involviert sind. Die dafür benötigten Voraussetzungen im Hinblick auf die Gestaltung der Teamberatungen werden in diesem Kapitel hinterfragt. Insbesondere die grundlegenden Elemente und Umsetzungsschritte der kooperativen Beratung werden hier erörtert.

2.1 Konzeptionelle Voraussetzungen

Die individuelle Förderung in heterogenen Lerngruppen ist zu einem zentralen Thema in der Diskussion zur Gestaltung einer inklusiven Schule geworden. Ob und wie diese gelingen kann, ist von zahlreichen Faktoren abhängig. Neben materiellen und sächlichen Voraussetzungen spielen die personellen unseres Erachtens eine zentrale Rolle, da die Regelschullehrkräfte zunehmend mit Sonderpädagogen und anderen Fachkräften zusammenarbeiten werden. Diagnostik und Förderung finden im Rahmen des Unterrichts an der Regelschule statt. Vertreter verschiedenster Professionen koordinieren ihre Tätigkeiten, um für alle Schüler angemessene Lernbedingungen zu schaffen. Die Qualität dieser Zusammenarbeit wird geprägt von der Möglichkeit jedes Einzelnen, sich in das Team einzubringen.

Wenn es gelingt, die vielfältigen Kompetenzen zur Förderung der Kinder gemeinsam und zielorientiert einzusetzen, kann von einer wirklichen Teamarbeit gesprochen werden. Es reicht nicht aus, wenn nach gemeinsamen Absprachen jede Lehrkraft wieder allein mit den Kindern arbeitet. Wertvolle Potenzen der Förderung können dadurch verlorengehen.

Nach GELLERT und NOWACK (2005, 9) sind Teams immer dort zu finden, wo mehrere Personen ihre Kompetenzen verbinden, um eine bestimmte Aufgabe zu bewältigen. Das unterscheidet ein Team auch von einer Gruppe, die aus Mitgliedern besteht, die aufgrund ihrer homogenen Eigenschaften austauschbar sind (GFRÖRER 2008, 30). Solch eine Teamarbeit entsteht dann, wenn die beteiligten Lehrpersonen bereit sind, kooperativ zu arbeiten, Konflikte gemeinsam zu lösen und ihre Kompetenzen ständig im Sinne differenzierter Förderung zu erweitern.

Teamarbeit und Inklusion

Königsweg „Kooperative Beratung".

Das Konzept der kooperativen Beratung nach MUTZECK (2005) bietet eine gute Voraussetzung für das Durchführen von Beratungen, die zur Teamentwicklung im oben genannten Sinn beitragen.

Ausgehend von dem in Kapitel 1 (s. S. 14, Abb. 1.4) dargestellten theoretischen Bezugssystem kann eine kooperative Beratung dann gut gelingen, wenn die beteiligten Personen von einem *Menschenbild* ausgehen, welches jedem Menschen die Fähigkeit zugesteht, das eigene Handeln reflektieren und selbstständig Probleme lösen zu können (s. ausführlicher MUTZECK 2005, 48 ff.). „Somit ist das Menschenbild, ..., mehr als ein philosophisches Problem. Es entscheidet mit darüber, wie mit den an einer Beratung teilnehmenden Personen umgegangen wird, d. h., welche Fähigkeiten ihnen zugestanden und welche genutzt und gefördert werden" (ebd., 50). Solch eine Herangehensweise fördert Entwicklungsprozesse bei allen Beteiligten und verfolgt das Ziel, die Kompetenz im Umgang mit Problemen zu vergrößern. Das heißt, die bereits vorhandenen Fähigkeiten zum Lösen von Problemen werden gestärkt, gefestigt und ausgebaut.

Zu beachten ist, dass sich durch die Teamarbeit alle weiterentwickeln sollen. Das gelingt, wenn an vorhandene Fähigkeiten angeknüpft wird und diese ausgebaut werden. Selbstwert und Selbstkompetenz werden auf dieser Grundlage gestärkt.

Arbeitsblatt 1 soll zum Nachdenken anregen und eine erste Reflexion zum Thema „Beratung" ermöglichen. Eine solche erste „Bestandsaufnahme" verdeutlicht, dass die Vorstellungen von Beratungsgesprächen recht unterschiedlich sein können. Die persönlichen Erfahrungen, Einstellungen, Erwartungen prägen das Handeln während einer Beratung – egal ob in Einzel- oder Gruppensituationen, in Gesprächen mit Kindern, Eltern oder Kollegen. Um gute Teamberatungen durchführen zu können, ist ein Austausch darüber nötig, um Missverständnissen vorzubeugen. Gleichzeitig können diese Diskussionen als Chance zur Entwicklung vielfältiger Ideen für die weitere Zusammenarbeit verstanden werden.

Wenn es gelingt, bei all dieser Komplexität einen gemeinsamen Nenner zu finden, verlaufen Beratungsprozesse erfolgreich. Grundvoraussetzung ist die Erkenntnis:

„Ich akzeptiere jeden so wie er ist, erkenne seine Fähigkeiten und Fertigkeiten an und schaffe Bedingungen, um diese weiterzuentwickeln."

Name:	Klasse:	Datum:

Arbeitsblatt 1 zum Thema „Beratung"

Was verstehe ich unter Beratung?

Was kann ich schon gut im Hinblick auf das Führen von Beratungsgesprächen?

Meine Vorstellungen zum Führen eines Beratungsgesprächs:

....

Beispiele für mögliche Antworten:
Was verstehe ich unter Beratung?
Es gibt verschiedene Beratungsanlässe – Elternberatung, Beratung im Lehrerkollegium, psychologische Beratung.
Ein Fachmann gibt mir Ratschläge für die Lösung eines Problems.
Ich berate die Eltern bei der Entscheidung über die weitere Schullaufbahn ihres Kindes.
Lehrerkonferenz
Kundenberatung

Was kann ich schon gut im Hinblick auf das Führen von Beratungsgesprächen?
Zuhören
Anregungen für das Problemlösen geben
Abläufe organisieren

Meine Vorstellungen zum Führen eines Beratungsgesprächs:
Ein Fachmann gibt mir Ratschläge.
Mitarbeiter der Beratungsstellen lösen die Probleme.

2.2 Determinanten der Interaktion im Prozess der Beratung

Die Bedingungen für eine gelingende Teamarbeit sind auf der personellen, materiellen und organisatorischen Ebene zu schaffen. *Personell* heißt in diesem Kontext: Die sich Beratenden stehen während des Gesprächs auf einer Ebene und erkennen die Fähigkeiten des anderen an (Abb. 2.1).

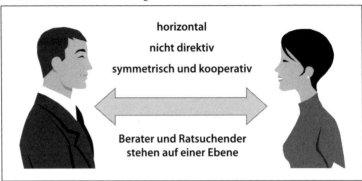

Abbildung 2.1: Kooperative, horizontale Beratung

Das bedeutet, es wird von einer Gleichwertigkeit der Gesprächspartner ausgegangen. In diesem Kontext spricht Mutzeck von einem potenziell symmetrischen Verhältnis. Je nach Problem- und Aufgabenstellung kann die Rolle des Beraters bzw. Gesprächsleiters von der Sonderpädagogin, aber auch von der Regelschullehrerin übernommen werden. Der Gesprächsleiter bringt in diesem Fall die Kompetenz der Gesprächsführung ein und führt die Beteiligten zum selbstständigen Erkennen von Möglichkeiten zur Gestaltung der individuellen Lernförderung. Alle Gesprächsteilnehmer beteiligen sich gleichberechtigt an der Lösungsfindung für durchzuführende Unterstützungsmaßnahmen. Es geht hierbei nicht um Gleichmacherei oder das Verflachen von Kompetenzen, „sondern um das Ausnutzen und Optimieren von potentiellen menschlichen Bedingungen für eine Beratung, in der sich die Partner akzeptieren und dadurch so weit wie möglich wohlfühlen" (Mutzeck 2005, 67). Solch eine Situation wird erreicht, wenn es dem Gesprächsleiter gelingt, ein Gefühl von Sicherheit und Offenheit zu vermitteln. Das dadurch geschaffene *Vertrauen* macht es erst möglich, tiefgründig und zielorientiert das Problem zu erörtern.

Zum Innehalten und Nachdenken sollen dazu die Fragen im Arbeitsblatt 2 anregen.

Name:	Klasse:	Datum:

Arbeitsblatt 2 zum Thema „Beratung"

Welche Erkenntnisse sind für mich wichtig im Hinblick auf das Handlungsmodell?

Was verstehe ich unter symmetrischer, horizontaler Beratung?

Wie schaffe ich in der Schule eine vertrauensvolle Situation?

Wie äußern sich in meinem Verhalten die Grundhaltungen Akzeptanz, Echtheit und Kongruenz?

Welche Rahmenbedingungen erleichtern das Führen von Beratungsgesprächen?

Faktoren gelingender Teamarbeit

Die Teamarbeit verläuft erfolgreich, wenn *tragfähige* Beziehungen der Mitglieder des Teams aufgebaut werden. Dafür ist es unabdingbar, dass
- alle ein großes Interesse an der gemeinsamen Arbeit haben,
- sich die Erkenntnis durchsetzt, dass die Aufgabe nur gemeinsam gelöst werden kann,
- sich die Mitglieder des Teams gegenseitig wertschätzen und
- die gemeinsame Arbeit erfolgreich ist.

Dafür sind auf der einen Seite die Voraussetzungen bei den Mitgliedern des Teams zu schaffen und auf der anderen Seite entsprechende Rahmenbedingungen vorzuhalten.

Materielle Rahmenbedingungen schließen ein diagnostisches Inventar ebenso ein wie Materialien, die zum Visualisieren eines Problems nötig sind (Arbeitsblätter, Gutachten, Dokumentation von Lernergebnissen, Einschätzungen usw.). Es empfiehlt sich, eigens dafür einen „Werkzeugkoffer" bereitzustellen. Nichts kann einen Gesprächsverlauf so sehr stören, wie das Suchen nach Materialien.

Zu den *organisatorischen* Rahmenbedingungen zählt in erster Linie **Zeit**. In den Schulablauf sollten feste Zeiten für Teamberatungen und Beratungsgespräche mit Eltern, Schülern und anderen Personen eingeplant werden.

Für das Führen von Beratungsgesprächen bedeutet das, entsprechende Voraussetzungen zu schaffen. Das heißt, Termin und Zielstellung des Gesprächs werden im Vorfeld mit allen Teilnehmern abgesprochen, um Irritationen und eventuell auch Zeitdruck zu vermeiden.

Das Gespräch findet in einer angenehmen Atmosphäre statt. Der Raum ist entsprechend gestaltet, Getränke stehen bereit und die Sitzmöglichkeiten sind angemessen.

Zu Beginn des Gesprächs wird festgelegt, wer das Gespräch leitet und wie lange es dauern soll. Um Störungen zu vermeiden, wird das Telefon abgeschaltet und eventuell auch eine entsprechende Notiz an der Tür befestigt.

Schwerpunkte in Beratungsgesprächen

Die Teamberatungen zur individuellen Lernförderung verfolgen das Ziel, für Kinder mit Problemen im schulischen Lernen Unterstützungsangebote im Rahmen des Unterrichts an der Regelschule zu entwickeln. Inhaltliche Schwerpunkte solcher Beratungsgespräche können sein:
- Analyse der Lernausgangslage des Kindes in ausgewählten Lernbereichen,
- Entwicklung von Förderzielen,

- Festlegung der Maßnahmen zur individuellen Lernförderung des Kindes,
- Koordination der Tätigkeit im pädagogischen Team.

Diese Schwerpunkte können unterschiedlich gewichtet sein. Um die Gespräche stringent und zielorientiert führen zu können, ist es hilfreich, nach folgendem Ablaufschema vorzugehen:

Ablaufschema eines Beratungsgesprächs

1. Voraussetzungen schaffen
2. Problemaufriss
3. Analyse der Lernausgangslage
4. Erarbeitung einer individuellen Zielstellung zur Förderung des Kindes
5. Erarbeitung von Lösungsvorschlägen zur Umsetzung der Zielstellungen
6. Entscheidungsfindung und Vorbereitung der Umsetzung
7. Unterstützungsprozess
8. Überprüfung der Fördermaßnahmen und Erörterung des weiteren Förderbedarfs

Abbildung 2.2: Ablaufschema eines Beratungsgesprächs

Diese Schritte werden im Kapitel 3 (s. S. 24 ff.) im Kontext der Gestaltung der individuellen Lernförderung näher erläutert.

Gestaltung der Teamberatung

Karin Salzberg-Ludwig/Gerald Matthes

In diesem Kapitel werden Diskussionsinhalte, Schwerpunkte und Schritte der Teamberatung am Beispiel des förderdiagnostischen Prozessmodells dargestellt. Im Mittelpunkt stehen die Orientierung über die Lernausgangslage des Kindes, die Planung von Förderzielen und Maßnahmen, die Überlegungen zur Lernförderung und die Sondierung der Lern- und Lebenssituation des Kindes bis hin zur Erörterung des weiteren Förderbedarfs. Obwohl die Inhalte eng miteinander verflochten sind, werden die Beratungsschritte aus Darstellungsgründen jeweils einzeln behandelt.

Erster Schritt: Vorbereitung

3.1 Voraussetzungen schaffen

Im Kapitel 2.2 (s. S. 20) wurde bereits auf die personellen, materiellen und organisatorischen Voraussetzungen eingegangen. Neben diesen ist es unerlässlich, dass den Teilnehmern zu Beginn einer Teamberatung von der Gesprächsleiterin das Konzept und das Ablaufschema (Abb. 2.2) des Gesprächsverlaufs vorgestellt wird. Danach legen alle gemeinsam fest, wer das Protokoll führt, welche Unterlagen und Materialien benötigt werden, wie viel Zeit zur Verfügung steht und wer die Rolle des Zeitwächters übernehmen möchte.

Zweiter Schritt: Einstieg in die Problemlage

3.2 Problemaufriss

In dieser Phase wird allen Gesprächsteilnehmern die Möglichkeit gegeben, ihre Sicht auf das Lernverhalten des Kindes, welches im Mittelpunkt der angedachten Förderung steht, *kurz* darzustellen. Dabei geht es noch nicht um eine tiefgründige Analyse. Es soll lediglich ein Einstieg in die Problematik erfolgen, der aufzeigt, was jeden Einzelnen bewegt. Die Aussagen werden nach Möglichkeit sachlich und objektiv dargestellt. Fragen zur Ausgangssituation können sein:
- Wie lernt das Kind in den einzelnen Fächern?
- Wie verhält es sich im Unterricht, wenn Anforderungen gestellt werden?
- Welche Schwierigkeiten traten in den vergangenen Wochen auf?
- Wann sind die Probleme am häufigsten?
- Wer ist mit den Problemen konfrontiert?

- In welchem Lernbereich treten die Schwierigkeiten auf, und wie zeigen sie sich?
- Wann treten keine Probleme auf?
- Wodurch zeichnen sich positive Situationen aus?

Gut gelingen kann diese Phase, wenn die Teilnehmer dazu ermuntert werden, ihre Schilderung anhand konkreter Situationen und Beispiele vorzunehmen.

Im Ergebnis dieser Beschreibung legen die Teilnehmer fest, welche Lernbereiche oder Verhaltensweisen des Kindes im Mittelpunkt der weiteren Beratung stehen sollen. Am Beispiel der Falldarstellung „Konrad" wird der mögliche Beginn eines solchen Gesprächs dargestellt.

Konrad – Fallbeispiel

Zu Beginn des zweiten Schulbesuchsjahres von Konrad treffen sich im Oktober die Klassenlehrerin, Frau K., die Sonderpädagogin, Frau G., die ehemalige Erzieherin aus der KITA, Frau f. und die Eltern von Konrad, Frau und Herr S., um eine Strategie festzulegen, wie auf Konrads Probleme im Bereich des emotionalen Erlebens und sozialen Handelns adäquat eingegangen werden kann.

Die Sonderpädagogin leitet die Gesprächsführung, da sie mit der Durchführung eines Verfahrens zur Feststellung sonderpädagogischen Förderbedarfs im Bereich emotionale und soziale Entwicklung beauftragt wurde.

Nachdem Frau G. alle Teilnehmer in ihrem ansprechend gestalteten Arbeitsraum begrüßt hat, wird gemeinsam der zeitliche und inhaltliche Rahmen des Gesprächs festgelegt. Frau G. weist darauf hin, dass sie gemeinsam mit den Teilnehmern das Problem besprechen und einen Lösungsweg finden möchte.

Dann werden die Eltern gebeten, mit der Beschreibung des Problems zu beginnen.

Frau S.: Konrad ist jetzt sieben Jahre alt und lebt mit uns und seinem zwei Jahre jüngeren Bruder in einem kleinen Einfamilienhaus am Rande der Großstadt. Er hat eine sehr enge Bindung zu mir. Mein Mann ist beruflich viel unterwegs, so dass ich mich hauptsächlich um die Erziehung der Kinder kümmere. Seitdem Konrad in die Schule geht, klagt er häufig über Kopfschmerzen, weint viel und hat schon darüber gesprochen, sich das Leben zu nehmen. Zunehmend sind nervöse Zuckungen und Tic-Handlungen zu beobachten. Deshalb geht er auch seit einem halben Jahr zum psychologischen Dienst der Universität. Ich mache mir viele Sorgen um ihn und weine auch häufig, dann will Konrad mich trösten. Er sagt dann immer, dass er an allem schuld sei.

Herr S.: Ich denke, das ist genau das Problem. Meine Frau ist einfach zu weich und inkonsequent. Dadurch wird der Junge verunsichert. Wenn ich zu Hause bin, muss ich dann wieder alles richten und Ordnung in das Familienleben bringen. Dabei gibt es dann insbesondere bei Erziehungsfragen Differenzen. Ich denke aber, meine Frau muss da ein bisschen mehr Verständnis aufbringen. Schließlich hat uns eine strenge Erziehung auch nicht geschadet.

Frau G. (Sonderpädagogin): Danke für die erste Schilderung des Problems. Wenn ich das richtig verstanden habe, dann hat Konrad eine besonders enge Bindung zu Ihnen, Frau S. Sie machen sich Sorgen um ihn, weil er, seitdem er in die Schule geht, körperliche und psychische Probleme hat, die bis zu Selbstmordgedanken führen. Ihre Herangehensweise an die Erziehung der Kinder ist etwas unterschiedlich, wodurch es auch mal zu Differenzen kommt. Ist das richtig so?

Herr S.: Ja, das könnte man kurz so zusammenfassen.

Frau G. (Sonderpädagogin): Ich würde nun Frau f. bitten, etwas zu Konrads Entwicklung während der Zeit des Besuchs der KITA zu erzählen.

Frau f. (Erzieherin): Konrad hat vom dritten bis zum fünften Lebensjahr unsere KITA besucht und ist mir aus dieser Zeit als ein sehr aufgeweckter und wissbegieriger Junge bekannt. Er hat eine gute Sprachentwicklung und ein hohes Allgemeinwissen. An den Beschäftigungen hat er gern teilgenommen. Dabei konnte er sich gut in die Gruppe einordnen. Er war weder aggressiv noch in anderer Hinsicht auffällig in seinem Verhalten. Also, ich hatte nie ein Problem mit ihm.

Manchmal hat er davon erzählt, dass er am liebsten mit seiner Mutti allein wäre, dann könnte sie sich nur um ihn kümmern.

Frau G. (Sonderpädagogin): Aus Ihrer Schilderung ist zu entnehmen, dass es offensichtlich während des Kindergartenbesuchs keine Verhaltensprobleme gab.

Frau f. (Erzieherin): Ja, das stimmt.

Frau G. (Sonderpädagogin): Frau K., können Sie dies als seine Klassenlehrerin bestätigen?

Frau K. (Klassenlehrerin): Nein, überhaupt nicht. Konrad ist in meiner Klasse seit dem ersten Schuljahr, und ich hatte während der ganzen Zeit große Probleme mit seinem unangemessenen Verhalten. Obwohl er eigentlich keine Schwierigkeiten in Deutsch und Mathematik hat, stört er oft. Manchmal hat er die Aufgabe nicht verstanden, oder er lässt sich von anderen Kindern ablenken. Häufig spielt er auch, wenn er eigentlich arbeiten soll, und hat irgendwie kein Regelbewusstsein. Dadurch stört er den Unterricht und kann letztendlich sein gutes kognitives Potenzial gar nicht nutzen.

KONRAD Es fällt auch auf, dass Konrad großen Stimmungsschwankungen unterworfen ist. Dadurch weiß man eigentlich nie, woran man gerade ist. Ich denke, dass er deutlichen Förderbedarf hat und weiß gar nicht, was ich noch tun soll. Schließlich haben wir in dem vergangenen Schuljahr schon eine ganze Reihe von Fördermaßnahmen durchgeführt.

Frau G. (Sonderpädagogin): Haben Sie recht herzlichen Dank für Ihre Darstellung des Problems. Ich entnehme daraus, dass das Verhalten von Konrad deutlich von dem abweicht, was Sie erwarten.

Frau K. (Klassenlehrerin): Ja, das kann man so sagen.

Frau G. (Sonderpädagogin): Ich würde jetzt ganz gern das Gesagte noch einmal zusammenfassen ...

3.3 Analyse der Lernausgangslage

Diese Phase dient der Konkretisierung des Problems. Nur wenn das Lernverhalten sehr genau beschrieben wird, können Ansatzpunkte für eine wirkungsvolle Förderung gefunden werden. Die im ersten Schritt herausgearbeiteten Schwerpunktbereiche werden genauer „unter die Lupe" genommen. Da die Lehrkräfte in der Regel selbst in die Problemsituation involviert sind, ist es wichtig, Methoden zu finden, die zu einer objektiven Darstellung der Situation beitragen und eine gewisse Distanz ermöglichen. Dazu gehören Beobachtungsergebnisse, die anhand objektiver Protokolle entstanden sind, die Einschätzung von Schulleistungen auf der Grundlage vorhandener Beurteilungen und Arbeitsergebnisse, Erkenntnisse aus Testverfahren und die Dokumentenanalyse (s. ausführlicher SCHNEBEL 2007, 126 ff.).

Dritter Schritt: Das Lernverhalten „unter die Lupe" nehmen.

In der Phase der Analyse der Lernausgangslage wird darauf Wert gelegt, dass die Beschreibung des Lernverhaltens sehr konkret ist, was mithilfe solcher Fragewörter – wann, wo, wer, wie oft, wie lange – gelingen kann. Um Ansätze für die Lösung des Problems zu finden, wird dargestellt, wie sich das Kind in bestimmten Situationen verhält und was es schon gut kann. Die auf diese Weise herausgefundenen Fähigkeiten, Fertigkeiten und Kenntnisse können zu einer erfolgsorientierten weiteren Förderung genutzt werden.

Am Ende der jeweiligen Problem- und/oder Situationsbeschreibung fasst der Gesprächsleiter das Gesagte mit eigenen Worten zusammen und fragt nach, ob er alles richtig verstanden hat. Damit wird zum einen sichergestellt, dass so viel Kongruenz wie möglich in der Sicht auf das Problem besteht, andererseits werden die Gesprächsteilnehmer zur Selbstexploration angeregt.

„Wir studieren das Kind, indem wir es unterrichten."

Die Analyse der Lernausgangslage erfolgt auf der Grundlage der Unterrichts- und Lerninhalte und der methodischen Umsetzung.

Eine zeitgemäße Konzeption pädagogischer Arbeit in heterogenen Lerngruppen verbindet das Diagnostizieren und das Fördern untrennbar miteinander. Die Unterrichtsplanung basiert auf Lernbeobachtungen, die verdeutlichen, unter welchen Bedingungen das Lernen gelingt. „Wir studieren das Kind, indem wir es unterrichten", meinte der russische Psychologe und Sonderpädagoge LEW WYGOTSKI, der mit gutem Recht als der „Mozart der Psychologie" bezeichnet wurde. Mit dieser Maxime stellte er das Verhältnis von Diagnostizieren und Fördern vom Kopf auf die Füße. Eine Einheit von Diagnose und Förderung im schulischen Kontext herzustellen hat zur Folge, dass die Diagnose nicht losgelöst vom Unterrichtsplan durchgeführt werden sollte.

Ein Team, das über die Lernausgangslage eines Kindes mit Schwierigkeiten im Lernen berät, ringt um eine Verständigung darüber, bei welchen Lerninhalten und mit welchen Arbeitsformen das Kind erfolgreich lernen kann. Um das herauszufinden, können sich die Pädagogen auf die Beschreibung und Analyse des Lernhandelns des Kindes, die Analyse ausgewählter Lern- und Entwicklungsbereiche und die Analyse der Lernstruktur konzentrieren.

Wann, wo, wie und warum hatte das Lernen Erfolg?

Beschreibung des Lernhandelns

Die Beschreibung gelingender und nicht gelingender Lernsituationen und Lernhandlungen des Schülers ist für die weitere Förderung dann gewinnbringend, wenn sie sehr konkret erfolgt. Orientieren können sich die Lehrer an folgenden Fragen:

Wann, unter welchen Umständen, bei welchen Anforderungen und Hilfestellungen, lernt das Kind gut? Jeder Beratungsteilnehmer beschreibt kurz, was er in dieser Hinsicht beobachtet hat, möglichst ohne Interpretation und Bewertung der eigenen Wahrnehmungstendenzen. Das Gespräch kann folgenden Verlauf nehmen:

Gesprächsverlauf

1. In welchen Situationen bzw. bei welchen Anforderungen zeigt das Kind eine gute Lernaktivität?

Die Teilnehmer beschreiben möglichst drei typische aktuelle Lernsituationen, in denen das Kind (für seine Verhältnisse) gute Lernhandlungen zeigte (sich auf die Aufgabe konzentrierte, sich innerlich mit dem Lerngegenstand beschäftigte). Von diesen drei Lernsituationen sollte eine aus dem Deutschunterricht und eine aus dem Mathematikunterricht stammen, eine dritte kann frei gewählt werden. Zunächst konzentrieren sich die Beratungsteilnehmer auf Beobachtungen und blenden Interpretationen und Ursachenerklärungen aus.

2. In welchen Situationen bzw. bei welchen Anforderungen beschäftigt sich das Kind nicht mit der Aufgabe?
Wichtig ist die sachliche Feststellung, in welchen Lernsituationen es aktuell nicht gelingt, das Kind zur Lerntätigkeit zu führen.

Nachdem die Beratungsteilnehmer ihre Beobachtungen zum Lernhandeln dargestellt haben, fasst der Gesprächsleiter die Aussagen zusammen. Das Bild, welches sich die Lehrer von dem Kind machen, ist somit in groben Zügen umrissen und sollte nun konkretisiert werden. Denn: *„Nichts ist so, wie es auf den ersten Blick erscheint ..."* (GOLDBERG/HAENSCH 2004, 22).

Analyse ausgewählter Lern- und Entwicklungsbereiche

Um herauszufinden, wo die Stärken und Schwächen eines Kindes liegen, werden die verschiedenen Lern- und Entwicklungsbereiche näher beschrieben. Als Visualisierungshilfe kann ein Arbeitsblatt („Kompetenzprofil") dienen, auf dem wichtige große Förderbereiche genannt werden (vom Weltwissen und den praktischen Kompetenzen bis hin zum Lern- und Arbeitsverhalten und den sozialen Kompetenzen, s. Abb. 3.1). Die Bereiche sind mehrdimensional, untereinander verflochten und unterschiedlich umfangreich und können natürlich erweitert werden. Das Profil kann zum einen für einen Altersgruppenvergleich herangezogen werden. Zum anderen ist es möglich, die individuellen Stärken und Schwächen herauszuarbeiten. Und schließlich kann sich das Profil auf Lehrziele und Verhaltensnormen beziehen.

Kompetenzprofil

Anhand einer Skala von 1 bis 100 (alternativ wäre auch 1 bis 10 denkbar) werden die Lehrer gebeten, einzuschätzen, auf welcher Stufe das Kind steht. Mithilfe dieser Einschätzung können Schwerpunkte für die weitere Arbeit gesetzt werden. Auch wenn die Aussagen mit Unsicherheit behaftet bleiben, sind sie als vorläufige Arbeitsgrundlage wichtig.

Die Markierung „An dieser Stelle befindet das Kind sich!" muss für die Mitglieder des pädagogischen Teams *sichtbar* gemacht werden. Die Stärken und Schwächen, die sich daraus ablesen lassen, können dann näher dargestellt werden. Es zeigt sich, dass bei dem einzelnen Kind eine besondere Einschätzung nur für wenige Lern- und Entwicklungsbereiche notwendig ist. Die Überlegungen im Team gelten folgenden Fragen:

- In welchen Lern- und Entwicklungsbereichen gibt es relative Stärken und Schwächen?
- Welchen Lern- und Entwicklungsbereichen muss bei dem Kind besondere Aufmerksamkeit gewidmet werden?
- Welchen Lern- und Entwicklungsstand hat das Kind in den ausgewählten Bereichen erreicht?

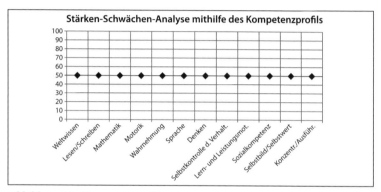

Abbildung 3.1: Kompetenzprofil

Unterstützung kann eine Stichwortsammlung zu entwicklungspsychologischen und sachstrukturellen Kriterien bieten, wie sie zum Beispiel in Form der „Förderdiagnostischen Kriterien" (s. S. 131 ff.) vorliegen. Diese Kriterien beziehen sich auf alle im Kompetenzprofil dargestellten Bereiche.

Zur Anwendung der Kriterien: Zunächst wird in der Übersicht nachgeschaut, ob sich der ausgewählte oder ein ähnlicher Lern- und Entwicklungsbereich unter den Kriterien befindet. Wenn das der Fall ist, wird die entsprechende Zusammenstellung quergelesen. Anhand der einzelnen Merkmale kann dann der Bereich zwischen Können und Nicht-Können eingegrenzt werden.

Eine kurze Sequenz daraus verdeutlicht das methodische Vorgehen:

Unter der Rubrik „Lesen und Schreiben" findet sich zunächst der **Bereich 1 Grundlegende kognitive und sprachliche Kompetenzen** (s. S. 131 ff.). Zur Einschätzung des möglichen Lern- und Entwicklungsstandes gibt es dort fünf Einschätzungsstufen:

A *Elementares Wissen über die Schriftsprache* (das Wissen, wozu man Lesen gebrauchen kann: an welcher Stelle beginnt man zu lesen?; die Schreibrichtung zeigen können; im Buch zeigen können, was ein Buchstabe und was ein Wort ist)

B *Sprachliche Merkspanne* (Ich spreche dir jetzt Worte vor. Du sollst sie dann nachsprechen. 1. Schere-Papier-Flugzeug; 2. Wohnzimmer-Fenster-Tür-Licht)
C *Sprachverstehen* (Verstehen von Mitteilungen, Verstehen von Anweisungen)
D *Anwenden grammatischer Regeln* (Verinnerlichung grammatischer Formen: Vervollständige: Eine Rose – viel …; Der Strauch ist hoch. Aber der Baum ist …)
E *Bilden von Sätzen* (Ich sage dir drei Wörter. Bilde einen Satz! …)
(MATTHES 2009, 223 f.)

In der Praxis wurde diesen Kriterien ein ausgewogenes Verhältnis von notwendiger Übersichtlichkeit und Differenzierung bescheinigt.

Analyse der Lernstruktur

Wie das Kind lernt, hängt einerseits vom Lehrer, der Lernumgebung, der Aufgabenstellung usw. ab und wird andererseits durch seine Motive und das Vorwissen, sein Befinden, bestimmte Lern- und Denkstrategien und soziale Beziehungen geprägt. Mit der Analyse der Lernstruktur wird das Zusammenwirken von kognitiven, motivationalen, sozialen und pädagogischen Faktoren betrachtet, denn es gibt nicht nur eine bestimmte Ursache für Lern- und Leistungsprobleme. Die Wirkzusammenhänge sind ausgesprochen komplex und nicht immer leicht zu erkennen.

Innerpsychische, soziale und pädagogische Kreisläufe

Das Team steht vor der Frage: *Wo sollte man beginnen und Schwerpunkte setzen, wenn so vieles eine Rolle spielt?* Mit dieser Frage sind wir bei einem Kernthema der Beratung, der Entwicklung wohlbegründeter Schwerpunkte. Es kommt darauf an, das in der gegenwärtigen Entwicklungsphase des Schülers entscheidende Kettenglied zu finden. Das zum aktuellen Zeitpunkt wirkungsstärkste Problem muss herausgefunden werden. Gelöst werden kann diese Frage durch die Analyse der Lernstruktur in Anlehnung an die Abbildung 3.2 „Das Wirkungsgefüge des Lernens".

In dieser Phase des Beratungsgesprächs wird für das Kind eine „individuelle Abbildung" erarbeitet. Dabei tritt hervor, welche Probleme vordringlich gelöst werden müssen und welche Wirkgrößen in den Kreisläufen zu pädagogischen Schwerpunkten werden sollten. Die Lerntherapeutin KEMPF-KURTH schreibt dazu: „Ich habe das Modell …immer im Hinterkopf und auch als Blankoformular …auf dem Tisch zu liegen. So habe ich die Möglichkeit, meine eigene Vorgehensweise zu überprüfen: Für welche Kreisläufe des Wirkungsgefüges habe ich bereits Informationen gesammelt? Welche Fragerichtungen fehlen noch? …" (KEMPF-KURTH 2010, 20).

Aus den Erkenntnissen zu den einzelnen Kreisläufen wird deutlich, welche Bedingungen die Lernprozesse positiv oder auch negativ beeinflussen.

Um herauszufinden, wie die positive Lernstruktur gestärkt werden kann, sollten nachfolgende Fragen erörtert werden:
- An welchen Interessen und Vorlieben des Kindes kann angeknüpft werden?
- Mit welchen Unterrichtsinhalten kann ich das Kind – auf der Grundlage seiner Erlebnisse und seines Wissens – besonders gut ansprechen?
- Mit welchen Lerninhalten und Tätigkeiten kann das Selbstwertgefühl des Kindes unterstützt werden?
- Wie kann erreicht werden, dass die Lernerfolge auf die eigenen Kräfte zurückgeführt werden?
- Welche Lernhilfen sind passend?
- Unter welchen Umständen lernt das Kind aufmerksam und konzentriert?
- Welche Unterstützungspotenziale im Umfeld des Kindes können genutzt werden?

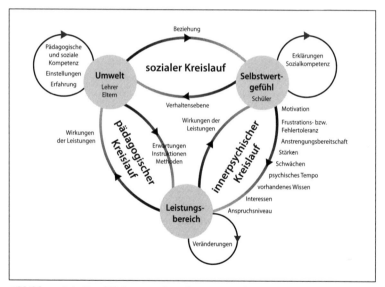

Abbildung 3.2: Das Wirkungsgefüge des Lernens (BETZ/BREUNINGER, 1998, Abb. nach KEMPF-KURTH 2010, 22)

Um die Ergebnisse dieser Überlegungen sichtbar zu machen und festzuhalten, kann mit Karteikarten gearbeitet werden. In Stichworten wird festgehalten, welches die Stärken und Schwächen sind oder welche Aspekte des Wirkungsgefüges besonders zu beachten sind. Die nachfolgende Anordnung der Karten verdeutlicht Wirkzusammenhänge und visualisiert bereits gewonnene Erkenntnisse. Daraus können die Schwerpunkte für die Planung der Förderziele gefunden werden.

3.4 Erarbeitung einer individuellen Zielstellung

Aus der Analyse der Lernausgangslage entwickeln die Beratungsteilnehmer die Ziele für das weitere pädagogische Handeln. Um an der Umsetzung der Zielvorgaben erfolgreich arbeiten zu können, sollten zum einen längerfristige Entwicklungsziele aufgezeigt und zum anderen kurzfristig umzusetzende wichtige und prägnante Ziele entwickelt werden. Wichtig ist auch hierbei wieder, dass die Ziele im Team erarbeitet werden.

Erarbeitung der längerfristigen individuellen Entwicklungsziele

Auch wenn die längerfristigen, individuellen Entwicklungsziele nur im Umriss abgesteckt werden können, müssen sie bekannt sein, um mögliche Unterstützungskräfte zielgerichtet aktivieren zu können. Natürlich gehören die Eltern, als Experten für ihr Kind, ebenso dazu wie Fachkräfte aus anderen Bereichen (Psychologen, Therapeuten, Erzieher usw.). Bei der Festlegung der Ziele steht die zentrale Problematik der angedachten Förderung im Mittelpunkt.

Die Ziele werden positiv formuliert und somit als Lernziele verstanden (nicht „Überwindung der Konzentrationsschwierigkeiten", sondern „Entwicklung von Lern- und Arbeitsgewohnheiten"). Zu folgenden Fragen werden gemeinsam Antworten gesucht:

Vierter Schritt: Lernziele formulieren

- Wie könnte der Schüler in einigen Monaten lernen? Was könnte, wenn wir eine positive Entwicklung voraussetzen und realistisch denken, in seinem Lernen dann erreicht sein?
- Welche längerfristigen individuellen Entwicklungsziele sind dafür notwendig?
- Welche organisatorischen und andere Rahmenbedingungen müssen geschaffen werden, um die Ziele erreichen zu können?

In dieser Diskussionsphase kommt es darauf an, dass die Beratungsteilnehmer sich nicht gegenseitig blockieren. Geäußerte Gedanken können aufgegriffen, dürfen aber nicht kritisiert werden. Damit Ideen nicht im Ansatz steckenbleiben und verlorengehen, werden sie von jedem einzelnen Teilnehmer notiert (Karteikarten). Nach der Diskussion werden die Fernziele und weitere Festlegungen in wenigen Anstrichen im Beratungsprotokoll festgehalten oder in eine Blanko-Abbildung des Wirkungsgefüges des

Lernens eingetragen. Nur wenn die Zielstellung klar, einfach und ein „gemeinsames Gut" ist, können alle Beteiligten sie später bei der Unterrichtsvorbereitung berücksichtigen.

Entwicklung wichtiger, prägnanter und erreichbarer Förderziele für die nahe Zeitperspektive
Bei hinreichender Klarheit über die längerfristigen Entwicklungsziele können Schwerpunkte für die Arbeit in den kommenden Wochen festgelegt werden. Die daraus abzuleitenden Ziele der individuellen Lernförderung sprechen die in dem Kompetenzprofil erarbeiteten Stärken und Schwächen an. Die Ziele sollen wichtig, prägnant und erreichbar sein.

Zu beachten ist, dass
- maximal drei kleine Ziele formuliert werden,
- diese sehr individuell auf den Schüler zugeschnitten sind,
- die Ziele für den Schüler wichtig sind, also mit ihm besprochen werden,
- die Ziele konkret und realistisch sind,
- sie für einen überschaubaren Zeitraum (ca. vier bis sechs Wochen) festgelegt werden.

Den Grundsatz „Hilfe zur Selbsthilfe" verfolgen.

Um diese zu finden, ist von dem auszugehen, was das Kind schon gut kann. Nach der Beschreibung der Stärken finden die Beratungsteilnehmer heraus, was das Kind mit angebotener Hilfe erreichen kann. Die somit beschriebene Zone der nächsten Entwicklung wird zum Kriterium für die Zielfindung (s. Kap. 8, Förderdiagnostische Kriterien, S. 131 ff.). Damit wird der Grundsatz – Hilfe zur Selbsthilfe – verfolgt. Wenn der Lernende die Lehrimpulse (Hilfestellungen) gut begreift und somit selbst umsetzen kann, ist das entsprechende Ziel wichtig, prägnant und erreichbar. Anhand des folgenden Fallbeispiels soll die Vorgehensweise verdeutlicht werden.

Maja – Fallbeispiel

Maja ist Schülerin der ersten Klasse. Am Ende des ersten Schulhalbjahres wurde festgelegt, eine besondere individuelle Förderung durchzuführen, da Majas Leistungen insbesondere in den Kulturtechniken nicht dem Anforderungsniveau entsprachen und vermutet wurde, dass eine Lernbeeinträchtigung vorliegt. In dem ersten Beratungsgespräch zwischen der Sonderpädagogin und der Klassenlehrerin wurde mithilfe des Kompetenzprofils herausgearbeitet, dass Majas Stärken im Bereich der Sprache und der Sozialkompetenz liegen. Probleme zeigen sich insbesondere im Schriftspracherwerb und in ihrer Konzentrationsfähigkeit:

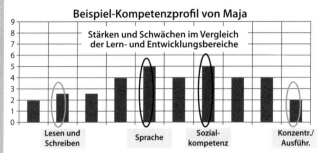

Abbildung 3.3: Kompetenzprofil Maja (schwarz = Stärken, grau = Schwächen)

Die Lehrerinnen halten fest:
- Maja spricht gern mit der Klassenlehrerin und den Mitschülern. Sie berichtet lebendig über ihre Erlebnisse und kann dem Gesprächsverlauf gut folgen.
- Sie ist ein sehr hilfsbereites Mädchen und kann sich gut in das Gruppenleben einfügen.
- Sie ist stets darum bemüht, Streit zu vermeiden. Wenn es Streit gibt, dann sucht sie Hilfe bei der Lehrerin.
- Im Bereich der Schriftsprache wird festgehalten, dass Maja hinsichtlich der akustischen Differenzierung der Phoneme bisher häufig überfordert war. Hier ist eine Anpassung der Anforderungen oder auch ein besonderes Training notwendig. Wobei die Lehrerinnen darauf aufbauen können, dass Maja die deutlich klingenden Anfangsvokale gut identifizieren kann, Konsonanten jedoch nur bei den Wörtern, die bereits oft analysiert wurden (z. B. „Roller", „Lampe").
- Maja konzentriert sich im Deutschunterricht, insbesondere wenn sie allein arbeiten soll, nur wenige Minuten. Sie lässt sich dann gern ablenken. Sie zeigt scheinbar kein Vollendungsinteresse, ist aber später enttäuscht und demotiviert, wenn sie die Aufgabe nicht zum Abschluss gebracht hat.

Daraus leiten die Lehrerinnen folgende Förderziele ab:
1. Maja soll in sechs Wochen auf der Grundlage des Kieler Leseaufbaus Stufe 2 die Anlaute „m", „r" und „s" sicher diskriminieren können.
2. Maja lernt, ausgewählte Aufgaben, die einen Zeitraum von 15 Minuten nicht überschreiten, bewusst bis zum Abschluss zu bringen. Maja und die Lehrerin überwachen diesen Prozess. Bei erfolgreichem Abschluss erhält sie eine Belohnung.
3. Maja lernt, bei Schreibübungen, die sie besonders schön geschrieben hat, einen Punkt unter die Buchstaben zu malen (Anbahnung der Selbstkontrolle).

MAJA

Wichtig sind diese Ziele, weil sie bei Maja die Grundlage für den weiteren Lernaufbau in der Arbeit mit dem Leselehrgang legen. Wenn Maja die Anlaute gut diskriminieren kann, erlebt sie das als Erfolg und kann emotional und kognitiv auf dieser Stufe aufbauen. Die prägnante Beschreibung des Förderziels ermöglicht es, zu erkennen, ob das Ziel angemessen ist und ob Lernfortschritte erreicht werden. Bei Maja liegen die genannten Ziele im Bereich der Zone der nächsten Entwicklung, d. h., die entsprechenden Kompetenzen sind zur Zeit noch nicht vorhanden, aber es bestehen große Chancen, dass Maja die „Strategien" bei entsprechenden Anregungen erfassen und selbst umsetzen kann.

Nach der Festlegung der Ziele wird deren Umsetzung besprochen:
Da Maja wegen ihrer freundlichen und offenen Art einen guten Kontakt zu ihren Mitschülern hat, wird festgelegt, dass sie zweimal wöchentlich in einer kleinen Lerngruppe (mit Robert, Nadja und Paula) mit Materialien arbeiten soll, die das Erkennen der Anlaute fördern und gleichzeitig einen hohen spielerischen Aspekt aufweisen (Anlaut-Wortspiele, Puzzle und Dominos, Silbenteppich). Die Sonderpädagogin wird Arbeitsbögen zur Lauterkennung zur Verfügung stellen und zweimal wöchentlich 15 Minuten mit ihr arbeiten. Sie wird auch im Blick haben, ob die gewählte Methodik zur Förderung des Vollendungsinteresses und der Selbstkontrolle zum Erfolg führt und dafür Aufgaben vorschlagen.

Majas Schwierigkeiten, insbesondere im Deutschunterricht kontinuierlich und über längere Zeit an einer Aufgabe zu arbeiten, sollen durch das Formulieren von überschaubaren Aufgaben, die maximal eine Arbeitsdauer von 15 Minuten beanspruchen, überwunden werden. Die Lehrerinnen stellen sicher, dass Maja die Aufgaben verstanden hat und zunehmend selbst kommentieren und kontrollieren kann. Während dieser Zeit beobachten sie Majas Arbeitsverhalten genau, um sicherzustellen, dass sie erfolgreich arbeiten kann.

Da Maja sehr gern Geschichten erzählt und sich gut in eine kleine Gruppe einordnen kann, werden weitere Möglichkeiten zur Förderung der phonologischen Bewusstheit darin gesehen, Bildergeschichten mit kurzen Texten mit ihren drei Freunden in der Gruppe zu erarbeiten. Während Maja zunächst dominant in ihrer Kreativität und Erzählkunst gefordert wird, entstehen in der Gruppe kurze Sätze, die sie mithilfe ihrer Mitschüler lesen lernt. Hier zeigt sich, dass Maja intensiv mitarbeitet und stolz auf die erreichte Gruppenleistung ist. Zur Belohnung werden Lesespiele (Domino, Memory o. Ä.) gespielt. Während dieser Spielphasen kann sie sich bis zu 15 Minuten konzentrieren, was wiederum die These unterstützt, dass die mangelnde Konzentrationsfähigkeit auch mit der fehlenden erfolgsorientierten Motivation zusammenhängt.

3.5 Erarbeitung von Lösungsvorschlägen

Für das Umsetzen der festgelegten Förderziele ist es wichtig, dass auch die Lösungsstrategien gemeinsam gefunden werden. Die Diskussion sollte von dem Gedanken getragen sein, dass die individuelle Förderung des Kindes dann gut gelingen kann, wenn diese kontinuierlich erfolgt und dem Unterricht angepasst wird. Im Mittelpunkt der Überlegungen steht demnach die Frage: Welche Rahmenbedingungen müssen geschaffen werden, damit das Kind die oben formulierten Ziele erreichen kann?

Fünfter Schritt: Pädagogische Angebote gemeinsam planen

Um zu umsetzbaren Lösungsvorschlägen zu kommen, stehen den Lehrern Ideen- und Materialsammlungen zur Verfügung. Neben der fachbezogenen Förderung ist es im Sinne einer ganzheitlichen Herangehensweise unerlässlich, Lernfreude zu entwickeln, das Selbstkonzept der Schüler zu stärken sowie Lernstrategien und fördernde Lern- und Arbeitsgewohnheiten zu vermitteln. Einige Beispiele für das Schaffen unterstützender Bedingungen im Unterricht folgen im nächsten Abschnitt.

Mögliche Maßnahmen zur Förderung ausgewählter Handlungskompetenzen

Entwicklung von Interessen und Freude am Lernen

Eine gute Lernmotivation kann sich entwickeln, wenn der Lerngegenstand für das Kind interessant ist und die Beschäftigung ihm Freude bereitet. Für Kinder, die Ängste vor einem Lerngegenstand aufgebaut haben, sind Angebote wichtig, die ihnen die reizvolle Seite des Lerngegenstandes näher bringen können. Ein interessanter, handlungs- und projektorientierter Unterricht allein reicht nicht aus, um die Freude am Lernen zu entwickeln. Notwendig sind auch eindeutige, überschaubare Anforderungen und gut begründete Regeln und klare Kontrollen und Bewertungen. Durch Bekräftigungen (mimisch, verbal, Punkte, Lob-Stempel) kann ein „äußerer Anreiz" gegeben werden. Vielfach bewährt haben sich folgende Maßnahmen:

Arbeit mit individuellen Lernbegleitern und „Identifikationsfiguren" (z. B. Lernfuchs, Zauberer, Superheld, Rabe, Zirkuskind Anna): Sie können an den Rand des Blattes gezeichnet oder gestempelt werden, sich auf Karteikarten befinden, auf denen Lernerfolge eingetragen werden, ein Lerntagebuch oder Ich-Heft illustrieren und anderes mehr. Die Einführung des Lernbegleiters für das Kind muss gut vorbereitet individualisiert so geschehen, dass das Kind ein positives Erleben mit der Figur verbindet.

Funktionen von Lernbegleitern und Identifikationsfiguren sind:

1. Bekräftigung für erreichte Lernergebnisse, Anstrengung, Lernstrategien und Lern- und Arbeitstechniken;
2. Symbol für Selbstinstruktionen, d. h., der Lernbegleiter erinnert das Kind an eine bestimmte Vornahme oder Strategie, z. B., die Zeilen zu beachten;
3. Darstellung des Lernfortschritts, d. h., der Lernbegleiter schmückt Darstellungen, in denen der Lernerfolg abgebildet wird;
4. Überwinden von Misserfolgsmotivation, d. h., der Lernbegleiter wird eingesetzt, um Misserfolgsfurcht durch Erfolgszuversicht zu ersetzen; von ihm geht die Selbstinstruktion „Ich schaff's" aus;
5. Überwindung von Tiefs; d. h., der Lernbegleiter wird mit einer klar umgrenzten Zielstellung eingesetzt, aus einem Motivationstief herauszuführen (kindgemäße Definition des Ziels, Bekräftigung).

Maßnahmen zur Verbesserung der „Ich-Nähe" des Lehrangebotes: Die Kinder sollen das Gefühl haben, dass es in den Lerninhalten um sie selbst geht, z. B. durch eine Themenwahl, die mit der Lebenswelt des Kindes verbunden ist oder das Kind fasziniert.

Lernkurven, die den Erfolg anhand des individuellen Maßstabes anschaulich machen: Das Kind darf niemals längere Zeit beim Lesen, Schreiben und Rechnen keinen sichtbaren Erfolg spüren. Jede Lerneinheit muss wenigstens einen Teilerfolg haben, der für das Kind sichtbar ist.

Belohnungen und Bekräftigung von Verhaltensweisen als Zusatzmotivation für regelmäßiges Üben: Die sichtbaren Verhaltensweisen stehen am Ende einer Verhaltenskette. Belohnungen können ihre Funktion erfüllen, wenn sie sich nicht bloß auf das Endergebnis beziehen, sondern dabei helfen, genau an den Problemstellen zu arbeiten. So kann das Endergebnis deshalb häufig mangelhaft sein, weil das Kind überhastet arbeitet, die Zeit schlecht einteilt, die Arbeitsmittel nicht bereitlegt, sich leicht ablenken lässt. Dann können Belohnungen und Bekräftigungen für ein schrittweises, überlegtes Vorgehen, die gute Zeiteinteilung, das Bereitlegen von Arbeitsmitteln, das Abschirmen von Ablenkungen eingesetzt werden. Diese Verhaltensziele müssen sorgfältig identifiziert und mit dem Kind herausgearbeitet werden. Das Ziel muss so fokussiert werden, dass das Kind weiß, was es tun und lernen soll, nicht, was es nicht mehr tun soll.

Erfolge bekräftigen und feiern! Die Feier hat nicht nur die Bedeutung eines „Zuckerstückchens". Durch das Feiern wird dem Kind bewusst, dass die Anstrengung sich gelohnt hat (FURMAN 2008, 100 f.).

Energiestein als Motivationshilfe: Er dient der Vermittlung von Selbstermutigung, ein Ziel schaffen zu können. Die „Energiesteine" werden persönliche Begleiter, indem die Kinder hilfreiche Figuren darauf malen oder kleben, die ihnen dann bei Schwierigkeiten zur Seite stehen können. Die Steine können immer in der Tasche getragen und bei Bedarf herausgeholt werden. Das Kind denkt an seinen Energiestein und spürt seine Kraft. Dazu muss er in einer emotional wirksamen Form eingeführt werden (EMMER, HOFMANN, MATTHES 2007, 55 ff., 63 ff.).

Arbeit mit Ermutigungssätzen und Sinnbildern für kluge Gedanken: Sie können in Situationen stützen, die ohne diese Gedanken in einer Weise verlaufen würden, die vom Kind oder Jugendlichen selbst nicht gewünscht ist. Mutmachsätze und kluge Gedanken sind Selbstinstruktionen zur Schwierigkeitsüberwindung (Beispiele: „Mit Mut geht's gut!", „Ich schaffe das!", „Ich überlege mir, wo ich anfangen kann!", „Langsam und Schritt für Schritt geht es besser!", „Einen Fehler kann ich korrigieren.", „Wenn ich mich anstrenge, dann komme ich vorwärts.") KRETSCHMANN und ROSE (2007, 139) zeigen, wie Mutmachsätze aus einem Angebot ausgewählt, gestaltet und dann an gut sichtbare Stellen geheftet werden können.

Verbesserung der Selbstwirksamkeit (Selbstzutrauen, Selbstkonzept)

Die Erfolgszuversicht ist, neben dem Anreiz des Lerngegenstandes bzw. der Tätigkeit, die zweite notwendige Bedingung der Lernmotivation und kann z. B. durch folgende Maßnahmen unterstützt werden:
- Entspannte Lernsituation, zugewandtes Lehrerverhalten, Aufzeigen von Wegen zum Erfolg, Anknüpfen an Stärken, Demonstration des Lösungsweges, erforderlichenfalls kleinschrittiges Vorgehen, entlastende und beruhigende Hilfestellungen (KRETSCHMANN/ROSE 2007, 16).
- Entwicklung realistischer Lernziele anhand von Beispielaufgaben und Interpretation der Erfolge als Ergebnis der eigenen Bemühungen.

Entwicklungsorientierte Gespräche: Im Kontext ihrer Konzeption der „Logik des Gelingens" demonstrieren SPIESS (Hrsg. 1998) und SPIESS/WERNER (2001), wie solche Gespräche geführt werden können, z. B.: „Wenn du an Rechnen (Zahlen, Einkaufen, Geld, Bezahlen usw.) denkst: ... Was kannst du gut? Wie machst du das, dass es dir gelingt?", „Was kannst du seit dem letzten Mal besser? Wie machst du das, dass es dir jetzt besser gelingt?", „Wie hast du das gemacht, dass du das jetzt so gut kannst? Wie bist du so gut geworden?", „Was möchtest du noch besser können?", „Was hat dir bei ähnlichen Aufgaben geholfen?"

Arbeit mit der Selbsteinschätzungsleiter: Damit kann der individuelle Maßstab und das Erfolgserleben entwickelt werden (Kopiervorlage: KRETSCHMANN/ROSE, 2007, 176). Das Arbeitsmittel besteht aus der Darstellung einer Leiter mit zehn Sprossen. Neben der Leiter stehen zwei Kinder. Für die Anwendung sind folgende Schritte typisch:

1. Kennzeichnung der Anforderung, der die Einschätzung gelten soll: Es kann um das Vorlesen eines Lesetextes aus dem Lesebuch gehen, aber auch um das Basteln, das Schwimmen und vieles mehr.
2. Markierung des Anfangs- und des Endpunktes (Bedeutung der unteren und der oberen Sprosse): Anschaulich und kindgemäß wird darüber gesprochen, welche Fähigkeit ein Kind hat, das auf der untersten Sprosse steht und was ein Kind kann, das auf der obersten Sprosse steht.
3. Einschätzung des eigenen Standes: In einer Selbsteinschätzung soll das Kind angeben, auf welcher Stufe z. B. der Leseleiter es selbst steht. Das Kind setzt sich selbst z. B. auf die dritte oder vierte Stufe.
4. Begründung der Einschätzung: Die Einschätzung des Kindes wird in der Regel akzeptiert und bietet Gelegenheit zu einem Gespräch: „Ja, manches kannst du schon gut und manches noch nicht so gut. Was kannst du denn schon? … Und was kannst du noch nicht so gut? …" In diesem Gesprächsabschnitt kann die Selbsteinschätzung korrigiert werden.
5. Erarbeitung des nächsten Ziels und Gedanken über den Weg dorthin (z. B. besser auf die Endungen achten, ausdrucksvoller lesen, nach dem Punkt eine Sprechpause machen).
6. Schließlich wird darüber gesprochen, woran man sieht, dass das Ziel erreicht ist. Das neue Ziel kann in kindgemäßer Form fixiert werden.

Gespräche und Spiele zum Bearbeiten von Gefühlen: „Hinter" den Schwierigkeiten der Motivation stehen komplexe Probleme. Deshalb sind besondere therapeutische Maßnahmen nötig, die sich auf kritische Bereiche richten. Dafür können u. a. Gespräche und Spiele verwendet werden, in denen therapeutische Techniken angewandt werden.

Entwicklung von Lern- und Denkstrategien

Kognitives Modellieren zum Training metakognitiver Strategien (innerer Steuerungsimpulse) mittels Signalkärtchen („Was will ich?", „Plan", „Ruhe, langsam machen", auch zugeschnitten auf den Lerngegenstand, z. B. bei Kopfrechenaufgaben Teilergebnisse notieren, beim Lesen auf den Punkt achten). Anhand der Lernaufgaben im Lesen, Schreiben, Rechnen zeigt die Lehrerin – individuell zugeschnitten – die „Kommunikation mit der Aufgabe": wie sie sich fest vornimmt, die Aufgabe zu schaffen, wie sie sich mit Fehlern auseinandersetzt, das Tempo verzögert (Stop, langsamer, genau lesen!), einen Erfolg selbst bekräftigt (Toll!), den Weg für eine akzeptable Spannungsabfuhr findet (evtl. Plüschmaus unter dem Tisch, die die Unruhe bindet). In den Übungs- und Anwendungsphasen wird die schrittweise Verinnerlichung angestrebt. Als anschauliche Hilfe können Signalkärtchen dienen, welche gleichsam Symbole für die jeweilige Strategie sind. Mit den Kärtchen können die Kinder den Strategieeinsatz erproben, trainieren und festigen. Der Einsatz der Signalkarten ist ein wesentlicher Lerninhalt, der auch in der Reflexionsphase ausgewertet wird. Als Teil eines elementaren Trainings von Kindern mit Lernschwierigkeiten ist das Lernfähigkeitstraining von EMMER, HOFMANN und MATTHES (2007) zu empfehlen.

Allgemeine Strategien kennenlernen, sich mit ihrem Nutzen vertraut machen (Sortieren und Klassifizieren, Ober- und Unterbegriffe nennen, nebengeordnete Begriffe nennen, Ordnung und Übersicht in den eigenen Gedanken herstellen, Ordnung und Übersicht in dem Haufen auf dem Tisch herstellen, Rasterblick beim Betrachten detailreicher Bilder)

Das Anwenden von Strategien bei bestimmten Inhalten üben (z. B. „Memorierstrategien" bei bestimmten Lerninhalten, Gedicht in kleine Sinneinheiten „portionieren", einen Lerninhalt in Sinneinheiten untergliedern, einen Lerninhalt mit Bildern verknüpfen, die beim Behalten helfen, Wichtiges für eine bevorstehende Arbeit lernen; Anfertigen von Mindmaps) (SALZBERG-LUDWIG 2007)

Übertragung von Strategien auf weitere Lernaufgaben (Vornahmen und Erinnerungshilfen erarbeiten, Hausaufgaben zur Anwendung von Strategien, Auswertungen: Was ist dir seit der letzten Stunde gelungen?)

Entwicklung von Lern- und Arbeitsgewohnheiten

Trennung von Lern- und Spielphasen und Regeln für die Lernphasen
Arbeit mit individualisierten Selbstinstruktionen zum Überwinden von Schwierigkeiten (z. B. „Ich achte auf jede Silbe!", „Ich sehe das Rechenzeichen genau an!")
Übungen zur Reaktionsverzögerung durch die Arbeit mit dem Signalkärtchen „Stop"
Visualisierung von Regeln für das Lern- und Arbeitsverhalten (Signalkärtchen)
Störbedingungen ausschalten, Maßnahmen zur Abschirmung von Ablenkungen (reizarme Lernumgebung)

Klare, überschaubare, stressfreie Arbeitsanweisungen
Besondere Anreize für notwendige Anstrengungen
Konzentrationsfördernde Entspannungsverfahren, Arbeit mit einem Entspannungspunkt, Atemtechnik zu Selbstberuhigung bei auftretenden Schwierigkeiten (EMMER/HOFMANN/MATTHES 2007, 162)
Rollenspiel: „Wie würde ein erfolgreicher Schüler diese Aufgabe lösen?"

Förderung von Fähigkeiten zum Aufnehmen und Gestalten sozialer Kontakte

Kinder mit Kontaktschwierigkeiten benötigen lockere, freundliche, entspannte Situationen, in denen sich Kontakte entfalten können. Bei Kontaktproblemen ist oft ein Leidensdruck vorhanden. Das Kind möchte gern aus seiner Absonderung herauskommen. Gerade das kann dazu führen, dass zu sehr gegrübelt und gezögert wird. Wichtig sind soziale Signale (Lächeln, Gesten, kleine Bemerkungen), auf die das Kind spontan reagieren kann. Unsichere Kinder sollen freundlich zu gemeinsamen Unternehmungen aufgefordert und in den Kontakten zu anderen Schülern unterstützt werden, dürfen aber niemals gewaltsam in den Mittelpunkt der Aufmerksamkeit gestellt werden. Eine zu hohe Belastung durch schulische Anforderungen ist zurückzudrängen.

Haben die Kinder Einordnungsschwierigkeiten, so ist eine bestimmte pädagogische „Suchhaltung" erforderlich, kein pädagogischer Aktionismus. Der Erwachsene oder Mitschüler bieten das Modell für kooperative Beziehungsmuster (im Unterschied zu unterwerfenden Interaktionsmustern). Das Kind muss Gelegenheit erhalten, sein Selbstwertgefühl zu bestätigen. Spezielle Maßnahmen, die der Vermittlung von sozialen Fertigkeiten dienen können, sind z. B.:

- Verhaltensweisen in Rollenspielen und szenischen Darstellungen üben,
- Erlernen von Entspannungstechniken,
- mit dem Kind unauffällige Impulse (körperliche Berührung, Codewort, Geräuschzeichen) absprechen, die es zur Kontrolle des Verhaltens motivieren,
- Gespräche und andere Impulse zur Verbesserung der sozialen und Gefühlswahrnehmung (Wie war etwas gemeint? Was wollte der Akteur? usw.).

Entwicklung spezifischer laut- und schriftsprachlicher Kompetenzen und elementarer mathematischer Fähigkeiten

Die in diesen Bereichen zu diskutierenden Fördermaßnahmen basieren auf einer konkreten Formulierung der Fähigkeiten, Fertigkeiten und Kenntnisse, welche das Kind mitbringt. In den Kapiteln 4 bis 7 (s. S. 52 ff.) werden diese Bereiche konkreter dargestellt.

3.6 Entscheidungsfindung vor der Umsetzung

Im Anschluss an die Ideensammlung findet ein Austausch darüber statt, welche Schritte in welcher Reihenfolge zu gehen sind. Dafür können beispielsweise folgende allgemeine Fragen beantwortet werden:

Sechster Schritt: Übergang zur pädagogischen Entscheidung

- Welche Maßnahmen sind erfolgversprechend?
- Wer übernimmt die Umsetzung?
- Passt diese Lösungsidee zu den Voraussetzungen, welche das Kind mitbringt?
- Wann und wo kann mit der Förderung begonnen werden?
- Ist der Vorschlag konkret und prägnant genug?
- Welche Kompetenzen sind zur Umsetzung nötig? Wer verfügt darüber?
- Sind die Rahmenbedingungen für das Umsetzen der Ideen vorhanden?

Aus den möglichen Handlungsschritten werden jene ausgewählt, die als besonders gut geeignet eingeschätzt werden. Hilfreich kann dafür eine vierstufige Skalierung sein:

++ = besonders gut geeignet und sofort umsetzbar
+ = gut geeignet
O = Wirkung nicht bekannt; vielleicht später machbar
− = nicht geeignet

Die Pädagogen beraten gemeinsam darüber, welche Schritte zu gehen sind. Mit dem Kind werden die Schritte entweder in dieser Beratung oder im Anschluss daran besprochen, damit es die Umsetzung der Ziele aktiv mitverfolgen kann. Es wird darauf geachtet, dass die Handlungsschritte eindeutig und konkret beschrieben werden. Das erleichtert die Umsetzung und die regelmäßige Kontrolle der erreichten Ziele.

Siebter Schritt: Koordiniertes pädagogisches Handeln

3.7 Unterstützungsprozess

Die Umsetzung der Zielvorhaben erfolgt in der täglichen Arbeit in der Schule. Diese gilt es zu begleiten, um die Ziele nicht aus den Augen zu verlieren. Häufig landen mühsam erarbeitete differenzierte Förderpläne in einer Schreibtischschublade und werden in der täglichen Arbeit vergessen. So verschwendete Arbeitszeit ist für Lehrer und Schüler wenig hilfreich und kontraproduktiv. Besser ist eine auf wenige Zielstellungen beschränkte wirkliche Teamarbeit (s. S. 17), in der Erfolge und Schwierigkeiten unverzüglich reflektiert werden.

Strategie zur Anpassung der Anforderungen

Individueller Zuschnitt im „normalen Unterricht" und Korrektur von Fehlanforderungen

In der förderdiagnostischen Unterstützung geht es dominant darum, kontinuierlich die individuellen Anforderungen an das zu fördernde Kind anzupassen und zu koordinieren. Dabei vollzieht sich ein didaktischer Lernprozess, den die Lehrkräfte gemeinsam bewältigen, indem sie einander berichten, wo das Kind überfordert oder durch mechanische Übungen unterfordert war. Allmählich bilden die Teams eine „Strategie zur Anpassung der Anforderungen" heraus: Die Lehrer steigern die Anforderungen nur so weit, dass die Schüler sie selbstständig (unter Nutzung gegebener Lernhilfen) bewältigen können. All dies ist Sache des ganzen Teams und wird durch regelmäßige Beratungen erleichtert. Die Klassenleiterin und die Sonderpädagogin informieren einander über das Erreichte, Schwierigkeiten werden benannt und nächste Schritte besprochen. Solche Kontakte dienen nicht zuletzt der gegenseitigen Motivation, die pädagogischen Vorhaben über längere Zeit zu verfolgen.

Es gilt, auch in dieser Phase festzuhalten, unter welchen Rahmenbedingungen das Kind gut lernt. Um das festzustellen, können die Beratungsteilnehmer das folgende Arbeitsblatt ausfüllen. Aus der Beantwortung der Fragen können neue Maßnahmen abgeleitet werden. Diese sollten darauf hinauslaufen, noch mehr Gelegenheiten zu schaffen, in denen das Kind sein Können zeigen kann.

Name:	Klasse:	Datum:

Arbeitsblatt zur Anpassung der Anforderungen

Wann passen Ihre Lernanforderungen und das Lernniveau des Schülers so gut zueinander, dass langwierige Erklärungen und Hilfen, die der Schüler meist nur ungenügend erfasst, nicht mehr notwendig sind?

In welchem Lernbereich arbeitet das Kind selbstständig und ist motiviert?

Welche Hilfen haben sich bewährt, um die Selbstständigkeit zu erhöhen?

Wo bringt das Kind sein Können ein und kann dadurch in der Lerntätigkeit Selbstvertrauen gewinnen?

Wo zeigen sich Ansätze von Lernfreude?

Welche Materialien und Arbeitsmittel erleichtern das Verständnis?

Die förderdiagnostische Unterstützung gelingt, wenn die Anforderungen mit den Möglichkeiten des Kindes übereinstimmen.

Arbeit an speziellen Zielen zur Förderung von Lernkompetenzen
Im Regelunterricht und im Förderunterricht können zum Erreichen der Förderziele *pädagogisch-therapeutische Maßnahmen* eingesetzt werden. Die Pädagogen stimmen sich darüber ab, wann es sinnvoll ist, in temporären Lerngruppen (s. Kap. 6 und 7, s. S. 86 ff.) zu arbeiten, spezielle Förderprogramme oder Therapien außerhalb des Unterrichts anzubieten bzw. Veränderungen im organisatorischen Ablauf vorzunehmen. In diesem Zusammenhang ist zu klären:

Leitfragen zur Umsetzung der Förderung

- Welche Förderziele sind zeitweise in den Mittelpunkt zu stellen, weil sie eine bestimmte Schlüsselfunktion für das weitere Lernen der gesamten Gruppe erfüllen?
- Ist ein spezieller Förderunterricht notwendig? Welche Form wäre sinnvoll (während des allgemeinen Unterrichts im Klassenraum oder in einem gesonderten Raum, zusätzlich außerhalb des allgemeinen Unterrichts; einzeln, in der Kleingruppe)? Wie sollen die Fördergruppen zusammengestellt werden? Welche Entscheidungen über Ziele und Inhalte sind zu treffen? Wie können die personellen, zeitlichen und räumlichen Voraussetzungen gesichert werden?
- Wie kann der Förderunterricht mit dem Regelunterricht verbunden werden?
- Wer übernimmt welche Aufgaben?
- In welcher Form wird über die Lernfortschritte und auch Schwierigkeiten der Kinder gegenseitig informiert?

Eltern sind Experten für ihr Kind

Elternberatung und die Koordination der Hilfen
Für das Gelingen der individuellen Förderung ist es auch unerlässlich, mit den Eltern und weiteren Personen, die das Kind in speziellen Settings begleiten, zu arbeiten. Wenn sie wissen, warum welche Maßnahmen in der Schule durchgeführt werden, können sie diese auch unterstützen.

Es ist also unabdingbar, dass das Team konkrete Maßnahmen zur Beratung mit den Eltern und anderen Helfern bespricht und koordiniert. Gegebenenfalls wird abgesprochen, wie einzelne Unterstützungsprozesse abgestimmt werden können. Dieser Aspekt spielt nicht in jedem Beratungsgespräch eine Rolle. Er darf aber, um die längerfristigen Ziele erreichen zu können, nicht aus dem Blick geraten.

Auch hier gilt es, das Expertentum aller zu berücksichtigen und zu akzeptieren. Wenn die Eltern als „Experten für ihr Kind" in den Unterstützungsprozess einbezogen werden, fühlen sie sich angenommen. Das ist eine Grundvoraussetzung für eine gute Zusammenarbeit. Belehrungen und „gutgemeinte Ratschläge" bewirken oft das Gegenteil.

3.8 Überprüfung der Fördermaßnahmen und Erörterung des weiteren Förderbedarfs

Das Erreichen der Förderziele wird regelmäßig überprüft, um rechtzeitig zu erkennen, ob die Ziele angemessen waren. Dafür können Lerntagebücher angelegt werden oder auch Zielerreichungsbögen ausgefüllt werden.

Um zeitnah einschätzen zu können, ob die formulierten Ziele für das Lernhandeln des Kindes passend sind, arbeiten die Lehrer mit Zielerreichungsbögen, die sowohl von ihnen als auch von den Schüler ausgefüllt werden können (Abb. 3.4).

Skalierte Beobachtung zum Stand der Realisierung des Ziels:								
Stufe 5 (ferneres Idealziel)								
Stufe 4 (Ziel bereits übertroffen)								
Stufe 3 (Ziel)						X	X	X
Stufe 2 (erste Fortschritte)				X	X	X		
Stufe 1 (Lernausgangslage)	X	X						
	1.	2.	3.	4.	5.	6.	7.	8.
			Einschätzungspunkte (wöchentlich)					
Freie Beobachtungen und Bemerkungen (mit Datum):								

Erfolge und Blockaden erkennen und rechtzeitig reagieren

Abbildung 3.4: Zielerreichungsbogen für die Pädagogen

Diese einfache „Zielerreichungskontrolle" garantiert, dass sehr schnell erkannt wird, ob das Ziel dem Leistungsvermögen des Kindes entspricht. Hat das Kind schon nach einer oder zwei Wochen das Ziel übertroffen, so war es damit unterfordert, verharrt es dagegen mehrere Wochen auf seiner Lernausgangslage, war es mit der Anforderung nicht adäquat angesprochen. Die damit einhergehende Anforderungsvariation wird somit zu einem diagnostischen Kriterium. Die Schüler lernen aus ihren konkreten Handlungen und deren Ergebnissen. Sie erfahren damit auch, wann und unter welchen Bedingungen sie erfolgreich sind.

Es hat sich als günstig erwiesen, für das Kind einen eigenen Bogen zu erarbeiten. Eine anschaulich gestaltete Vorlage spornt an.

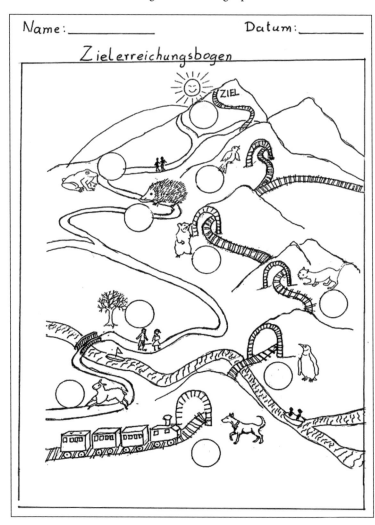

Abbildung 3.5: Zielerreichungsbogen für die Kinder

Hier wird der Wanderweg zum Ziel, auf welchem eingetragen werden kann, wo das Kind schon angekommen ist. Des Weiteren gibt es natürlich die Möglichkeit, mit Punktesystemen, Erfolgstagebüchern und Ähnlichem zu arbeiten.

Die Einheit von Diagnostik und Förderung ist hergestellt, wenn es gelingt, individuell wichtige, erreichbare und prägnante Förderziele zu entwickeln, ihre Realisierung im Blick zu behalten, also zu kontrollieren und die Zielplanung dann auch fortzuschreiben. Auf diesem Weg werden starre bürokratische Formen überwunden. Die Förderplanung wird zu einem Bestandteil der täglichen Arbeit im Unterricht, weil sie dort weiterentwickelt wird.

In dieser Phase der Beratung wird zusammenfassend eingeschätzt, welche Lernfortschritte das Kind gemacht hat und wie diese gelingen konnten. Das Modell der bio-psycho-sozialen Voraussetzungen des Lernens verlangt, dabei die gesamte Lern- und Lebenssituation des Kindes zu berücksichtigen. Erkenntnisse über emotionale und kognitive Schutzfaktoren und Ressourcen im Kind selbst und in seiner Umwelt können zu neuen Ideen führen, wie das Kind noch besser erreicht werden kann. Die Draufsicht, die Bilanz aus einer gewissen zeitlichen Entfernung, auch mit dem nötigen inneren Abstand und mit Sachlichkeit, zeigt, was in der Förderung richtig war und was noch verbessert werden kann. Notwendige Förderbedingungen zeichnen sich ab. Erst die gründliche Betrachtung der Lern- und Fördergeschichte eines Kindes – unter Einbeziehung seiner äußeren Entwicklungsbedingungen – lässt darauf schließen, ob ein relativ dauerhafter besonderer Förderbedarf besteht.

In der bilanzierenden Teamberatung können folgende Schwerpunkte erörtert werden, die zunächst von jedem Einzelnen reflektiert werden:

Bilanzierung im Team

- Wie gelang der Abbau von Fehlanforderungen?
- Wie konnten die Förderziele erreicht werden?
- Mit welchen Methoden waren Fortschritte möglich?
- Konnte das Team eine gute Zusammenarbeit entwickeln?

Erkenntnisse über Schutzfaktoren und Ressourcen können die weitere Zusammenarbeit befördern. Deshalb ist es sinnvoll, auch diese explizit zu benennen.

Der schulische Alltag ist nicht immer vorhersehbar. Es ist durchaus möglich, dass Maßnahmen nicht umgesetzt werden können, weil nicht eingeplante Störungen auftreten. Wenn diese möglichen Störfaktoren (Krankheit, Vertretungsunterricht usw.) schon im Vorfeld benannt werden, kann im „Ernstfall" besser damit umgegangen werden. Gut wäre es, schon während des Beratungsgesprächs Lösungsvorschläge herauszuarbeiten, welche Ressourcen und Hilfen in einem solchen Fall inner- und außerschulisch zur Verfügung stehen.

3.9 Zusammenfassung – Die acht Schritte zum Gelingen einer Teamberatung

Zusammenfassend seien noch einmal die möglichen Schritte zur Gestaltung von Teamberatungen genannt, deren Ziel die individuelle Lernförderung von Schülern mit einem abweichenden Lernverhalten ist.

1. Voraussetzungen schaffen heißt,
- die Mitglieder des Teams sind an dem Aufbau einer tragfähigen Beziehung interessiert,
- gute materielle und organisatorische Rahmenbedingungen werden geschaffen,
- die Gesprächsteilnehmer werden in den gesamten Prozess einbezogen und als Experten akzeptiert.

2. Problemaufriss
Eine kurze Darstellung der Ausgangssituation ermöglicht es, alle Teilnehmer von Beginn an in die Beratung einzubeziehen, ihre Sichtweise auf das Problem kennenzulernen und dem Gespräch eine Zielrichtung zu geben.

3. Analyse der Lernausgangslage
Die Beschreibung des Lernhandelns erfolgt auf der Grundlage konkreter Materialien und durch eine sehr genaue Beschreibung der individuellen Lernvoraussetzungen. Hilfreich sind graphische Darstellungen wie das Kompetenzprofil und eine Abbildung zum Wirkungsgefüge des Lernens.

4. Erarbeitung einer individuellen Zielstellung
Wichtige, prägnante und erreichbare Ziele werden entwickelt. Sie orientieren sich an der Zone der nächsten Entwicklung des Kindes und berücksichtigen, was das Kind mit Hilfe erreichen kann. Damit folgen die Pädagogen dem Grundsatz, Hilfe zur Selbsthilfe anzubieten.

5. Erarbeitung von Lösungsvorschlägen
Auf der Basis des breiten Erfahrungsschatzes der Teammitglieder und mithilfe vorhandener didaktischer und methodischer Materialien werden Vor-

schläge zur Unterstützung der Lernhandlung des Kindes gesucht und auf ihre Umsetzbarkeit hin geprüft.

6. Entscheidungsfindung und Vorbereitung der Umsetzung
Im Team wird entschieden, welche Schritte in den nächsten Wochen konkret umzusetzen sind.

7. Unterstützungsprozess
In der förderdiagnostischen Unterstützung werden die individuell zugeschnittenen Anforderungen dem „normalen" Unterricht angepasst. Damit geht ein didaktischer Lernprozess einher, den alle Lehrkräfte gemeinsam bewältigen. Das Ziel besteht vorrangig darin, Lernfreude und Selbstvertrauen bei den Schülern mit Schwierigkeiten im Lernen zu entwickeln.

8. Überprüfung der Fördermaßnahmen und Erörterung des weiteren Förderbedarfs
Eine regelmäßige Überprüfung der Lernerfolge garantiert, dass das Kind weder über- noch unterfordert ist. Die Ergebnisse der Überprüfung, an der auch das Kind beteiligt sein soll, werden schriftlich festgehalten. Damit wird die Grundlage für eine erfolgreiche pädagogische Arbeit in heterogenen Lerngruppen gelegt.

4 Unterstützende Methoden bei Stolpersteinen

Angela Dietl

Kinder, denen das Lesen-, Schreiben- oder Rechnenlernen schwerfällt, benötigen ursachenorientierte, systematisch aufgebaute und nachhaltig wirkende Fördermethoden. In diesem Sinn haben sich die hier dargestellten Methoden besonders ausgezeichnet. Für den Leselernprozess wird auf das Programm des Kieler Leseaufbaus und das Jansen-Leseprogramm eingegangen. Im Schreiblernprogramm werden eigene Arbeitsblätter der Autorin gezeigt, die Ansätze des Kieler Rechtschreibaufbaus und des Paetec-Materials aufgreifen. Für den Anfangsunterricht im Rechnen wird auf Lernwege der Kybernetischen Rechenmethode nach Dreher/Spindler zurückgegriffen.

Den meisten Kindern gelingen mit der bewährten Lehrmethodik gute Fortschritte. Aber immer wieder hat der Lehrer in seiner Klasse einige Kinder, die nicht so gut darauf ansprechen. Die Ursachen dafür sind vielfältig. Aktuelle familiäre Veränderungen, eine kurzzeitige Erkrankung des Kindes oder auch ein gewisses Unbehagen des Kindes innerhalb der Schulklasse sowie ein veränderter Tagesablauf können mögliche Gründe sein. Oft führt dann ein intensiverer Lehrer-Eltern-Kontakt weiter. Das Kind muss merken, dass seine Eltern und auch seine Lehrerin ihm gute Leistungen zutrauen. Hält die Problemphase über zwei Monate an oder tritt immer wieder ein Wechsel von Fort- und Rückschritt bei der Lernentwicklung des Kindes auf, so könnte nicht mehr von einer nur kurzzeitigen Phase gesprochen werden. Spätestens jetzt sollte eine Klärung der Probleme erfolgen. Durch eine qualitative Fehleranalyse kann auf die Lernidee des Kindes geschlossen, also sein „Denkfehler" im Lernprozess ermittelt werden. Diese „Denkfehler" können mitunter auch einen einfachen reifungsbedingten Hintergrund in der Wahrnehmung, d. h. in der Aufnahme und Verarbeitung von Sinneseindrücken haben.

Im Denkfehler des Kindes steckt sein Lernweg

4.1 Unterstützung beim Lesenlernen

Bei den Erstklässlern können im Leselernprozess oft folgende „Denkfehler" beobachtet werden:
- Wörter, Sätze, Fibeltexte werden auswendig gelernt: Es findet ausschließlich ein ganzheitliches Abspeichern von Wörtern statt. Das Kind vermu-

tet, Lesen bedeute, Wörter wiederzuerkennen und prägt sich die Wörter ganzheitlich ein. Schließlich hat es seinen Vornamen so erlernt oder erkennt im Alltag Schriftzüge wie „KINO", „M" für „MacDonald", „STOPP".
- Ähnlich aussehende Laute/Buchstaben werden falsch erinnert bzw. verwechselt, z. B. „m" mit „n", „ei" und „ie", „l" und „t", „t" und „f". Das Kind hat noch nicht erkannt, dass kleine Veränderungen an einem Symbol einen wesentlichen Einfluss auf deren Bedeutungsgehalt haben. Die Buchstaben „b" und „d" unterscheiden sich nur darin, dass der Bogen sich einmal rechts und einmal links vom Strich befindet, was für das Kind zunächst unwesentlich ist – ein wahrnehmungspsychologisches Phänomen, das BETZ und BREUNINGER (1998, 14 ff.) als „Tassenwelt" beschreiben.
- Laute, die an der gleichen oder benachbarten Lautbildungszone produziert werden, werden auch beim Graphem verwechselt. Das ist z. B. bei „l", „m" und „n" der Fall und führt etwa bei Schülern, die sprachentwicklungsverzögert sind oder es vor dem Schuleintritt waren, oft zu Problemen.
- Die gebräuchliche Leserichtung von links nach rechts ist noch nicht verinnerlicht und wird daher auch beim Zusammenschleifen der Laute verwechselt. Statt „mit" liest ein Kind „tim" oder „im", da ihm dazu ein Wortsinn einfällt. Einigen Kindern fällt es leichter, sich auf die gebräuchliche Arbeitsweise von links nach rechts einzustellen, als anderen.
- Zwielaute werden als einzelne Laute erfasst und daher nicht korrekt gelesen. Statt „Haus" liest das Kind „Ha-us". Es hat die Vokale „a" und „u" erlernt, aber noch nicht verinnerlicht, dass „au" zwar aus denselben Buchstaben gebildet wird, jedoch einen anderen Laut repräsentieren soll.
- Die Buchstaben sind ungenügend gefestigt. Das Kind, das anfangs scheinbar gut mitkam und schon die ersten Wörter „lesen" konnte, kann plötzlich die einfachsten Wörter nicht mehr lesen und verwechselt wieder die Buchstaben. Diese Besonderheit tritt oft bei Kindern auf, die zunächst versuchen, alle Wörter sich ganzheitlich einzuprägen, nun aber allmählich zur alphabetischen Strategie übergehen und darum auch die ganzheitlich eingeprägten Wörter sich erlesen.
- Das Kind lautiert oder buchstabiert jedes Wort durch, versucht dann aber ein ganzheitliches Erfassen. Die Leseeinheit der Silbe bleibt ihm noch verschlossen, und darum ist ein Erlesen kaum möglich. Außerdem stehen sich die Prozesse des Lautierens (Analyse) und des Erlesens (Syn-

these) eines Wortes gegenüber und behindern sich dadurch, wenn sie direkt nacheinander durchgeführt werden.

Sehr wichtig ist es auch, zu beobachten, wie sich das Kind in der Schule fühlt. Geht es gern zur Schule? Fühlt es sich angenommen? Hat es den Eindruck, dass seine Eltern es gern in die Schule schicken? Das Kind liest vielleicht zu Hause in der ruhigen elterlichen Atmosphäre relativ sicher; in der Schule jedoch liest es nicht oder sehr leise und stockend vor.

Erlebt das Kind über mehrere Wochen oder Monate keine Verbesserung, so sinkt seine Freude am Lesen. Oft neigt es dann dazu, kleinste Verbesserungen nicht mehr der eigenen Leistungsfähigkeit, sondern eher äußeren Bedingungen zuzuschreiben. Solch unsichere Kinder neigen oft dazu, sich immer wieder zu schwierige Aufgaben zu wählen, oder sie wenden sich Aufgaben zu, die sie auf jeden Fall bewältigen, die aber nicht zum Lernen beitragen. Manches Kind wird seine ursprüngliche Motivation, das Lesen zu erlernen, umlenken und finden: „Lesen ist doof! Das brauche ich nicht lernen!" Damit hat es schon seinen Ausstieg aus dem Leselernprozess angekündigt.

Der Kieler Leseaufbau von Dummer-Smoch/Hackethal (2007) kann leseschwachen Kindern über erste Lernhürden hinweghelfen. Er baut darauf auf, dass die kleinste Leseeinheit die Silbe ist, die sich immer aus einer Verbindung Konsonant – Vokal zusammensetzt. Am besten lässt man zunächst offene Silben lesen, die mit einem Konsonant beginnen. Insbesondere sollten es am Anfang dehnbare Konsonanten sein („m", „n", „l", „s", „w", „f", „r"). In Form von Silbenteppichen wird das Zusammenschleifen geübt:

ma	na	la	sa	wa	fa	ra
me	ne	le	se	we	fe	re
mi	ni	li	si	wi	fi	ri
mo	no	lo	so	wo	fo	ro
mu	nu	lu	su	wu	fu	ru
mau	nau	lau	sau	wau	fau	rau
mei	nei	lei	sei	wei	fei	rei
meu	neu	leu	seu	weu	feu	reu
mie	nie	lie	sie	wie	fie	rie
mö	nö	lö	sö	wö	fö	rö
mü	nü	lü	sü	wü	fü	rü
mä	nä	lä	sä	wä	fä	rä

Abbildung 4.1: Auszug aus einem Silbenteppich nach dem „Kieler Leseaufbau" von Dummer-Smoch, L./Hackethal, R. *(aus: Kieler Leseaufbau, © Veris Verlag, Kiel 2007)*

Anschließend werden aus offenen Silben zusammengesetzte Wörter gelesen („Ma-ma", „Schu-le"). Danach sollten nochmals geschlossene Silben erlesen werden („mal", „nal", „lal"), um danach auch Wörter, die sich aus geschlossenen Silben zusammensetzen, zu erlesen („Som-mer"). Um auch dem inhaltlichen Aspekt des Lesens gerecht zu werden, wird anschließend bald zu vollständigen einfachen Sätzen und Texten übergegangen.

Das Silbenlesen wird auch in anderen Erstleseverfahren, wie z. B. „Silbenfibel" (Mildenberger Verlag) aufgegriffen. Eine sehr gute Beschreibung, wie der Leseschwierigkeit schnell und effektiv begegnet werden kann, lässt sich dem Buch von RUDOLF MÜLLER „Leseschwächen frühzeitig begegnen" entnehmen (MÜLLER, 1993).

Das Programm „Lesen und Schreiben lernen nach dem IntraAct-Plus-Programm" (JANSEN/STREIT/FUCHS, 2007) stellt sich auch für die Kinder, die schon einen erfolglosen Leselehrgang absolviert haben und entsprechend schon den Teufelskreis einer Lernstörung entwickeln, als attraktiv dar. Es verfolgt einen anderen Ansatz beim Lesenlernen als die gegenwärtig meist bevorzugten Lese- und Schreiblehrgänge. Das Kind soll zunächst ausschließlich die Könnensseite des Lesens erlernen, d.h., die Grapheme (Buchstaben) konsistent erkennen und benennen und das Zusammenschleifen der Grapheme rasch erlernen, um das Lesen als Fertigkeit möglichst schnell zu automatisieren. Die Autoren gehen davon aus, dass die Kinder diese Fertigkeit danach in ihrem weiteren Wissenserwerb in der Schule nutzen können. Das Programm orientiert sich ausschließlich auf die Übung und Festigung. Nach SCHNEIDER und SHIFFRIN (SCHNEIDER/SHIFFRIN, 1977 sowie SHIFFRIN/SCHNEIDER, 1977) führt eine konsistente Reizdarbietung eine Automatisierung schneller und sicher zur Automatisierung (vgl. MATTHES, 2009, 28 f., 53 f.).

Werden die Leseblätter aus dem JANSEN-Ordner einem Kind vorgelegt, das einen Erstleselehrgang schon teilweise durchlaufen hat, müssen meist nicht alle Seiten durchgearbeitet werden. Aber es empfiehlt sich, mit den sehr einfachen ersten Seiten anzufangen. Sie sind auf jedem Fall von den Kindern zu bewältigen, und sie spüren: „Das ist doch einfach, das kann ich schon". Es bereitet ihnen Freude, die sehr groß gedruckten Buchstaben und Buchstabenverbindungen zu benennen und zu erlesen, da sie nicht den Eindruck haben, sie sollen lesen üben.

Die eingefügten Farb- und Symbolkästchen haben die Aufgabe, einen völlig anderen Reiz darzubieten. Das Kind wendet sich diesem Reiz zu, erkennt die Farbe oder das Symbol und muss es benennen. In diesem Moment wird das Wiedererkennen von Farben und Symbolen angesprochen

Unerwartete Reize aktivieren das lesende Kind

und der aktuell zu erlernende Buchstabe wird aus dem unmittelbaren Fokus des Interesses verdrängt. Im darauffolgenden Lesefenster wird dann wieder der Buchstabe angeboten, und das Kind muss sich erinnern, was es gelernt hat. So wird die Graphem-Laut-Zuordnung aus dem Langzeitgedächtnis abgerufen. Gerade diese unerwarteten Wechsel von Buchstaben und Farben und Symbolen aktivieren die oft bereits wenig am Lesenlernen interessierten Kinder sehr, und sie wenden sich diesem Lesematerial gern zu.

In jeder Leseeinheit werden auf zehn bis zwölf Seiten vier Buchstaben zunächst einzeln und dann in Silbenform dargeboten. Durch die stete Wiederholung der Buchstaben und Silben soll die Abbildung des Buchstabens verinnerlicht und möglichst automatisiert abgerufen werden. Die „Lesehilfe" wird über die Leseseite geschoben: Im Lesefenster sieht das Kind nur den abgebildeten Buchstaben oder die Silbe. Die Kinder werden von Beginn an so oft mit diesen Buchstaben bzw. Silben konfrontiert, dass ein Lesen eigentlich fast nicht erfolgt, eher ein Abspeichern und Automatisieren.

Das Material überzeugt durch die Klarheit und Einfachheit der Leseseiten. Den Kindern wird die Systematik sehr schnell vertraut; das gibt ihnen Sicherheit, und sie wenden sich den Leseblättern gern zu. Oft erlangen die Kinder nach kurzer Zeit, ohne das gesamte Programm absolviert zu haben, einen Zugang zum Lesen.

4.2 Unterstützung beim Schreibenlernen

Wir unterscheiden schreibmotorische (graphomotorische) und rechtschreibliche Probleme. Die Schüler der ersten und zweiten Klasse erlernen oft zuerst die Druckschrift, die die zu erlernenden Buchstaben des Leselehrgangs „eins zu eins" abbildet, und anschließend die Schreibschrift.

Die schreibmotorischen Probleme, welche besonders auf den wahrnehmungspsychologischen und feinmotorischen Entwicklungsvoraussetzungen der Lernanfänger beruhen, zeigen sich oft wie folgt:
- Es wird nicht am linken Zeilenrand angefangen.
- Die Zeile wird nicht komplett genutzt.
- Die Druck-Schreibbuchstaben sind wesentlich größer als die Zeile.
- Die Ober-, Mittel- und Unterlängen der Buchstaben werden nicht eingehalten.
- Die Schreibabfolge des Buchstabens wird nicht eingehalten bzw. eine andere Schreibabfolge wurde schon verinnerlicht (oft bei der Druckschrift des eigenen Vornamens lange beobachtbar).
- Der Abstand zwischen Buchstaben oder Wörtern ist zu gering oder zu groß, sodass eine Leseeinheit nicht mehr gegeben ist.

- Es wird eine fehlerhafte Stift- oder Handhaltung verinnerlicht.
- Es wird eine fehlerhafte Lage des Heftes verinnerlicht. (Links- und rechtshändige Schreiber haben verschiedene Schreibvorlagen zu erlernen.)
- Zu starker oder zu geringer Kraftaufwand beim Drucken oder Schreiben ist noch vorhanden.

Gerade in der Graphomotorik treffen verschiedenste Lernvoraussetzungen zusammen. In den Kindergärten werden sehr unterschiedliche Vorschulprogramme durchgeführt. Einige Kinder lehnen das Zeichnen, Malen oder Schneiden ab und versuchen diesen Anforderungen auszuweichen, haben jedoch hier Übungsbedarf.

Die Rechtschreibprobleme können folgender Art sein (BREUER/WEUFFEN, 2006, 29 ff.; BETZ/BREUNINGER, 1998, 31):
- unsichere Laut-Graphem-Zuordnung, daher treten Verwechslungen auf z. B. „N" und „M", „I" und „n";
- Spiegelung von Buchstaben, z. B. „m" und „w";
- Verwechseln der Buchstabenabfolge im Wort, z. B. „Toamte" statt „Tomate", „Kamle" statt „Kamel";
- Wortdurchgliederungsfehler (das Auslassen von Buchstaben oder Silben, Einfügen überflüssiger Buchstaben oder Silben, dabei können Vokale oder Konsonanten betroffen sein, z. B. „Tomarte" statt „Tomate", „Eskikimo";
- Worttrennschärfefehler (Verwechseln klangähnlicher Buchstaben, z. B. „Bur" statt „Buch", „Schaugel" statt „Schaukel", „Tüsch" statt „Tisch");
- Lautgetreue Fehler – normale Entwicklungsfehler im Rechtschreiblernprozess, da die notwendige Rechtschreibregel noch nicht erarbeitet wurde, z. B. „Mont" statt „Mond", „ferlaufen" statt „verlaufen", „schpilen" statt „spielen".

Die schreibmotorischen Probleme können oft nur beobachtet werden, indem sich der Lehrer genügend Zeit nimmt und sich vom Kind immer wieder zeigen lässt, wie es schreibt. Dazu sind regelmäßige Schreibproben an der Tafel nötig. Auch Hinweise der Eltern und Kindergärtner können für den Lehrer hilfreich sein. Oft sind Kinder, die Probleme haben, in ihrer Händigkeit noch nicht sicher; eventuell können sie die Körper-Mittellinie nicht überkreuzen oder entsprechen in der motorischen Entwicklung noch nicht den Anforderungen. Günstig ist das Einbeziehen eines Ergotherapeuten, der tieferliegende Probleme abklären kann. Manchmal kann auch eine Sehproblematik Ursache der motorischen Auffälligkeiten sein. Zumindest ist es ratsam, die Sehfähigkeit der Kinder bei Schuleintritt abklären zu lassen. Zur Förderung einzelner Kinder sind die folgenden Materialien gut einsetzbar:

- „Schreibtanz" (OUSSOREN-VOORS, 2009),
- „Geschickte Hände zeichnen" Bände 1/2 (KISCH, 2003),
- „Lernschwierigkeiten am Schulanfang" (BREUER /WEUFFEN, 2006),
- „Vers und Form" (HERTIG, 1999).

Sprechen und Schreiben vertiefen den Lernprozess

Die Materialien „Vers und Form" und „Schreibtanz" verbinden Reime und Sprüche mit zeichnerischen Übungen. Die Kinder schwingen, kreisen, ziehen Achten und Schleifen mit dicken Filzstiften und sprechen dazu Verse oder hören Musik dabei. Im Material „Geschickte Hände zeichnen" werden viele Übungen zu Schwüngen, Achten, Kreisen u. Ä. in Form von kleinen Bildgeschichten und Malanregungen vorgegeben. Das Material „Lernschwierigkeiten am Schulanfang" geht auf die Sprachentwicklung und deren Zusammenhang zur Leselernentwicklung ein. Mithilfe mehrerer Tests kann die Lehrerin den Sprachstand des Vorschul- oder Schulkindes ermitteln und Anregungen zu den noch notwendigen Übungsbereichen entnehmen, die auch in der Familie aufgegriffen werden können.

Allen Materialien ist gemeinsam, dass die Kinder die Sprache mit motorischen Bewegungen kombinieren und die senso-motorische Entwicklung dadurch wieder eine Einheit bildet. Außerdem sind die Übungen sehr ansprechend und können im Schulalltag als Lockerungsphasen eingesetzt werden. Die Kinder entspannen sich und trainieren ihre noch nicht so ausgereiften senso-motorischen und sprachlichen Fertigkeiten, die zum Erlernen der Kulturtechniken Lesen und Schreiben unabdingbar sind.

Weitere wichtige Hilfsmittel im Schulalltag sind: Vergrößern von Schreibzeilen, Nutzen eines Lesepfeils oder Lesekarte, Markieren des Zeilenanfangs, Setzen eines Punktes zwischen Buchstaben oder Wörtern, Verwendung einer Schreibunterlage für linkshändige Kinder, weiche dicke dreikantige Bleistifte, Griffaufsatz für den Stift usw.

Bei den rechtschreiblichen Fehlern ist zunächst abzusichern, dass die Buchstaben den Lauten sicher zugeordnet werden. Treten hier immer wieder Fehler auf, ist es oft sinnvoll, gerade ähnlich aussehende oder klingende Buchstaben nicht am selben Tag zu üben, um einer Lernhemmung entgegenzuwirken. Auch das kurzzeitige Verweilen bei den sicheren Buchstaben ist hilfreich, um keine weitere Verwirrung beim Kind entstehen zu lassen. Die von Grundschullehrern häufig geäußerte Befürchtung, dadurch gehe viel Lernzeit verloren, kann leicht entkräftet werden. Es ist einfacher, in ein sicheres und dauerhaft abrufbares Buchstabenrepertoire weitere Buchstaben hinzuzufügen, als generell viele unsichere Buchstaben stetig zu festigen. Sobald Kinder erste Grundlagen sicher verarbeitet haben, entwickeln sie eine höhere Lernbereitschaft und können die restlichen fehlenden Buchstaben relativ schnell in ihr Repertoire aufnehmen.

Das Problem der Spiegelung von Buchstaben kombiniert sich gut mit dem Absichern der Schreibabfolge. Es lohnt sich, dafür viel Zeit einzuplanen. Kinder mögen es meist, mit vielen Farben und Materialien zu experimentieren. Gern gestalten sie schöne Blätter und malen Vorlagen aus. Auf großen Blättern (am besten ist DIN A3 geeignet) dürfen sie einzelne Buchstaben mit verschiedenen Stiften und Farben (Wachsstifte, Dickies, Faserstifte) nachzeichnen. Der Buchstabe wird, so groß wie möglich, mit Bleistift vorgezeichnet und zunächst gemeinsam von Lehrer und Kind nachgezeichnet (der Lehrer führt sanft die Hand des Kindes). Auf dieser Vorlage wird mit allen verfügbaren Stiften, die schreibmotorische Bewegung immer wieder eingeübt. Erst wenn diese Abfolge sicher ist, kann sie auf kleineren Blättern geübt werden, bis der Buchstabe zuletzt innerhalb einer Zeile geschrieben werden kann. Damit die richtige Buchstabenschreibabfolge beibehalten wird, muss immer wieder kontrolliert werden. Beim Schreiben sollte der Laut immer wieder gesprochen werden. Die dehnbaren Laute sind zum Schreiben und Dehnsprechen besonders gut geeignet. Passende Arbeitsblätter finden sich auch in dem Lesestarter-Paket.

Um Fehlern der Wortdurchgliederung (fehlende oder hinzugefügte Buchstaben, z. B. „Tomarte") entgegenzuwirken, lohnt es sich, das *Dehnsprechen* bzw. Mitsprechen beim Schreiben der Wörter einzuüben: Während des Schreibvorgangs wird der gerade geschriebene Buchstabe lautiert. Dabei kann jedes Kind in seinem Tempo schreiben. Das leise Gemurmel wird von den Schülern als wesentlich weniger störend empfunden als andere ablenkende Geräusche. Das Verknüpfen von Sprache und Motorik unterstützt die sensomotorische Entwicklung und wird bei den Kindern zunehmend zum inneren Sprechen beim Schreiben führen.

Sind die Schüler das Dehnsprechen gewöhnt, wird es ihnen im dritten Schuljahr leichtfallen, die Technik des *Kommentierten Schreibens* zu erlernen, und sie werden es bewusst annehmen. Dabei wird ein Wortbild zunächst angesehen und dann anhand der Vorlage kommentiert, d. h., alle Laute werden in der richtigen Abfolge genannt und Besonderheiten hervorgehoben (z. B. Mond – ich achte darauf, das Wort großzuschreiben, da es ein Substantiv ist, ich kann einen Artikel davorsetzen, und ich achte darauf, am Wortende ein „d" zu schreiben, da ich das Wort verlängern kann und dann das „d" auch hören kann – der Mond, die Monde). Anschließend wird die Vorlage umgedreht, das Wort lautiert und dann mit Dehnsprechen aufgeschrieben. Zum Abschluss wird die Vorlage mit dem eigenen Wort Buchstabe für Buchstabe verglichen.

Trennschärfe-Fehlern kann man am besten durch Lautdifferenzierungsübungen (Breuer/Weuffen, 2006, 145 ff.) begegnen. Oft empfiehlt es sich auch, die Hörfähigkeit des Kindes fachlich abklären zu lassen. Der Verdacht auf eine auditive Verarbeitungs- und Wahrnehmungsstörung sollte in diesem Zusammenhang durch einen Pädaudiologen abgeklärt werden.

Die lautgetreuen Fehler verschwinden durch die spätere Vermittlung von Rechtschreibregeln häufig „von allein", sollten aber dennoch immer wieder beobachtet werden, insbesondere wenn sie sich über lange Zeiträume nicht verbessern.

Besonders hartnäckigen Rechtschreibfehlern einzelner Kinder kann z. B. durch das Nutzen der Materialien „Rechtschreibschwäche muss nicht sein" begegnet werden (Kube/Rehak/Winzer, 2003). Dieses Material geht, ebenso wie der Kieler Lese- und Rechtschreibaufbau, wieder auf die kleinste Leseeinheit der Silbe zurück. Den Kindern wird zunächst nahegebracht, dass jede einzelne Silbe einen Selbstlaut enthält (wichtig: fünf Selbstlaute, sechs Zwielaute und drei Umlaute: „a", „e", „i", „o", „u", „au", „eu", „ei", „ie", „äu", „ai", „ö", „ü", „ä".

Im Kapitel 5 (s. S. 74, 81 ff.,) werden Arbeitsblätter der Autorin gezeigt, die sie nach dem Paetec-Material und dem Silbenleseprogramm für Schüler entwickelt hat, die besondere Probleme beim Silbentrennen und bei der korrekten Verschriftlichung von Wörtern zeigen. Es sind immer drei Spalten vorgegeben (Abb. 4.2).

	a e i o u au	
Da na		
Di no		
Do ris		
En de		
A de le		
Ad di		
Na del		
U do		
Do nau		
Ma de		
Do mi no		

- Selbstlaute farbig markieren im vorgegebenen Wort
- Silbenbögen setzen im zweiten Kästchen und nur die Selbstlaute darüberschreiben
- Im dritten Kästchen Wort richtig aufschreiben, dabei erstes Kästchen verdecken
- Kästchen 1 und 3 vergleichen (Lernkontrolle) und wenn richtig abhaken

DU HAST PRIMA GESCHRIEBEN – DICKES LOB

Abbildung 4.2: Schreibblatt zum silbenorientierten Lese-Schreibtraining

In der ersten Spalte stehen zehn bis 15 Lernwörter zu einem rechtschreiblichen Schwerpunkt (z. B. Groß- und Kleinschreibung, Wörter mit „st", mit doppeltem Mitlaut, mit „ck"). Die zweite und dritte Spalte ist leer. Die vorgegebenen Wörter können zunächst in Silben geteilt aufgeschrieben werden (Leerraum zwischen den Silben). Später ist diese Hilfe nicht mehr notwendig. Die Schüler erledigen ihr Arbeitsblatt möglichst selbstständig nach folgendem Ablauf:
1. Wort vorlesen,
2. Selbstlaute mit hellem Buntstift übermalen,
3. Silbenbögen setzen,
4. in die zweite Spalte Silbenbögen des Wortes einzeichnen,
5. die Selbstlaute des Wortes zu jeder Silbe aufschreiben,
6. die erste Spalte abdecken oder Blatt umknicken,
7. in die dritte Spalte das Wort hineinschreiben und dabei Dehnsprechen anwenden,
8. dritte und erste Spalte Buchstabe für Buchstabe abgleichen.

4.3 Unterstützung beim Erwerb des Zahlbegriffs und Rechnenlernen

Bei Kindern mit Rechenschwierigkeiten finden sich – über sprachliche oder auditive Probleme hinausgehend – vielfach außerdem motorische Probleme, Unsicherheiten in der Raum-Lage-Beziehung und eine allgemeine Ängstlichkeit, sich etwas zu zutrauen. Im Einzelnen lassen sich oft folgende Problematiken beobachten:

- Unsicherheit beim Körperschema und in der Raum-Lage-Orientierung,
- mangelnde Fähigkeit, links und rechts am eigenen Körper zu benennen,
- visuelle Wahrnehmungsprobleme,
- Spiegeln von Ziffern,
- unsicheres Vorwärtszählen, einzelne Zahlen werden ausgelassen,
- Rückwärtszählen ist oft nicht möglich,
- mangelnde Fähigkeit, von einer beliebigen Zahl weiterzuzählen,
- keine synchrone Zusammenwirkung von Finger und Zahlwort beim Abzählen von Mengen,
- simultanes Erfassen von Mengen bis 5 kaum möglich,
- alle Rechenoperationen werden nur abzählend mit den Fingern bewältigt,
- Nicht-Erkennen von Rechenvorteilen (nachdem das Kind „7 + 8" abgezählt hat, zählt es bei der Aufgabe „7 + 9" wieder neu ab),
- Verrechnen um 1 oder 10,
- zweistellige Zahlen werden von rechts nach links geschrieben, Zahlendreher,
- Zahlen wie 25 und 52 werden als glcichwertig empfunden.

Aufbauend auf den elementarsten Fähigkeiten, kleinere Mengen anzahlmäßig zu erfassen und von anderen Mengen zu unterscheiden, lernt das Kind im Vorschulalter, die Zahlwortreihe aufzusagen, und im Schulalter dann die entsprechenden Zahlsymbole mit dem Zahlwort zu verknüpfen. Kinder lieben es sehr, Dinge zu zählen, und sie sind sehr stolz, wenn sie weit zählen können. Das Vorwärts- und Rückwärtszählen ist eine sehr wichtige Vorläuferfähigkeit, die auftritt, bevor die Kinder überhaupt mit Mengen operieren, also rechnen können. Dann ist die Zahlreihe den Kindern gegenwärtig, sie können sie aufsagen. Eine weitere wichtige Fähigkeit ist das Verständnis, was die Zahlen bedeuten. Die Zahl „7" ist nicht nur die siebte Zahl auf dem Zahlenstrahl, die zwischen der „6" und der „8" liegt; sie meint auch 7 Einer. Als sicher gilt, dass ein Kind mindestens im Zahlraum bis 20 sicher vorwärts- sowie rückwärtszählen können sollte, bevor es im Zahlbereich bis

10 auch erste Rechenoperationen ausführen kann. Die Kinder müssen sich die Mengen, die mit dem Zahlwort gemeint sind, immer wieder vergegenwärtigen, also zum Beispiel die Menge 7 mit Fingern darstellen. Die „7" kann durch drei Finger der rechten und vier Finger der linken Hand gezeigt werden, aber auch durch fünf und zwei Finger oder durch das Legen von sieben Einerwürfeln oder Knöpfen o. Ä.

Gerade hier liegt ein häufiges Unterrichtsproblem vor. Nach BRUNER (1974) sollten mathematische Sachverhalte auf drei Ebenen dargestellt werden – zunächst handelnd, dann bildlich und erst danach symbolisch. Eine Rechenaufgabe kann erst handelnd vollzogen werden: Drei Kinder und vier Kinder stellen sich zusammen; sie bilden eine Menge. Dies kann dann bildlich dargestellt, also aufgemalt werden (z. B. als Strichmännchen), und erst in der letzten Stufe wird die Rechenaufgabe „3 + 4" geschrieben. Komplizierter ist die Darstellung der Subtraktion. Die Gleichung „9 – 3 = 6" meint: Es gab neun Dinge von etwas und davon wurden drei Dinge weggenommen. Die neun Dinge sind nicht mehr da, sie werden aber in der Gleichung weiterhin aufbewahrt. Subtraktion meint eigentlich eine aktuelle Handlung: Ich nehme etwas weg. Viele Schüler erfassen diesen Zusammenhang nicht und legen, wenn man ihnen die Gleichung „9 – 3" vorgibt, neun Würfel und drei Würfel hin und meinen nun die Subtraktion dargestellt zu haben.

Für einige Schüler schreitet der Unterricht zu schnell von der Handlungsebene zur Rechenebene mit dem abstrakten Zahlsystem voran. Dieser Überforderung passen die Kinder sich oft durch das Abzählen mit den Fingern an. Sie erkennen die Methode für sich als hilfreich und bauen sie aus, indem sie Meister im schnellen Vorwärts- und Rückwärtszählen werden. Später stellen sie sich ihre Finger nur noch vor, denn am Ende der ersten Klasse müssen sie plötzlich erfahren, dass der Lehrer dieses „Fingerrechnen", das Bewegen der Finger beim Rechnen bzw. Zählen nicht mehr gern sieht. Spätestens am Ende der zweiten oder dritten Klasse können diese Kinder mit der zählenden Rechenmethode nicht mehr ausreichend kompensieren. Einige können sich durch das Erlernen der schriftlichen Rechenverfahren der Addition und Subtraktion wieder über einige Schuljahre „hinwegretten", bleiben jedoch zählende Rechner.

Hilfreiche Verfahren für Kinder der Jahrgangsstufen 1 und 2 sind über lange Zeit das Operieren mit konkreten Materialien, das Erlernen der Mächtigkeit der 5, das Legen von Würfelbildern und das Erfassen der Partnerzahlen. Mit „Partnerzahlen" sind im ersten Schuljahrgang alle Anzahlzerlegungen zur Zahl 10 gemeint (0 + 10 = 10; 1 + 9 = 10; 2 + 8 = 10; …; 9 + 1 = 10; 10 + 0 = 10). Hier ist aber wichtig, dass die Kinder die Partnerzahlen-

Zerlegen heißt Mengen vorteilhaft aufteilen

Aufgaben nicht bloß auswendig lernen, sondern sie wirklich darstellen und verinnerlichen. Die Erkenntnis, dass die hinter den Zahlen sich verbergenden Mengen durch zerlegen nicht verlorengehen, sondern nur neu aufgeteilt werden, ist wichtig, um das Zerlegen im höheren Zahlenraum zu verstehen.

Kinder, denen die Sicherheit im Zählen, in der Raum-Lage-Orientierung und in der eindeutigen Zuordnung von Menge und Zahlwort noch fehlt, stoßen im Anfangsunterricht schnell an ihre Leistungsgrenzen. Sie bleiben dem Abzählen mit den Fingern verhaftet und müssen immer wieder von der Zahl 1 beginnend alle Mengen abzählen. Wenn sie beim Zählen der Finger zusätzlich den betreffenden Finger an das Kinn oder die Nasenspitze führen, so zeigt das ihre hohe Motivation und ihre Bewältigungsstrategien. Jegliche Handlungsmittel wie Rechenkette, Zählstäbchen oder Hundertertafel sind für sie schon viel zu abstrakt und daher nicht fassbar.

Bei diesen Kindern kann die „**Methode des kybernetischen Zählens**" (DREHER/SPINDLER, 1996) Erfolge erzielen. Die Kinder zählen von 1 bis 10 und bewegen ihre Finger synchron dazu. Beide Hände werden gefaustet auf den Tisch gelegt. Dann werden die Finger, beginnend beim kleinen Finger der linken Hand und endend beim kleinen Finger der rechten Hand, einzeln ausgeklappt und den Zahlwörtern 1 bis 10 zugeordnet (abgezählt). Die folgenden Zahlen 11 bis 20 lernen die Kinder jeweils beim rechts von ihnen sitzenden Partner kennen. Dieser klappt die Finger aus, und das lernende Kind zählt die Zahlen durch. Später werden als Hilfsmittel Zehnerbündel hergestellt (bestehend aus je 10 dünnen Holzstäbchen, mit einem Gummiring zusammengebunden). Die Zahl 25 wird dann so dargestellt, dass das Kind zwei Zehnerbündel links neben sich legt und die Finger der linken Hand dazu aufklappt. Mit dieser Methode erübrigt es sich, die Einer durch Rechenwürfel hinzulegen. Das Kind erfährt: Die ersten zehn habe ich immer bei mir an den Händen. Die Zehner sind jeweils in Bündel zusammengefasst, und der Hunderter wäre ein großes Paket von zehn Zehnerbündeln, zusammengefasst mit einem Gummiring.

Die Methode sieht vor, zunächst in Einer- und danach in Zweierschritten sicher vorwärts- und rückwärtszuzählen. Anschließend arbeiten zwei Kinder miteinander, da sie gemeinsam 20 Finger haben. Danach werden die Zehnerbündel eingeführt. Nun können die Kinder einzelne Zahlen verdeutlichen („Zeige die Menge 16 mit Zehnerbündel und deinen Fingern!"). Erst, wenn bis zur 20 sicher vor- und rückwärts- sowie in Zweierschritten gezählt wird, werden Ergänzungsübungen im Zahlraum bis 10 vorgenommen („Zeige 6 Finger! Wie viele müsstest du noch bis zur 10 ausklappen?").

Wenn dieser Schritt sicher gefestigt ist, kann das Zahlwort mit der Zifferndarstellung verknüpft werden. Auch das Überschreiten des Zehners wird vom Handeln begleitet: Das Kind klappt bei der Aufgabe „6+5" zunächst sechs Finger aus und kann sehen, dass es noch weitere vier Finger dazuklappen kann und sich den fehlenden einen Finger für die Menge „5" vom rechts von ihm sitzenden Kind „borgen" muss.

Vorteile der Methode bestehen darin, dass die Kinder die Zahlen durch ihre eigenen Finger darstellen können und dieses Hilfsmittel immer verfügbar ist. Auch die Partnerzahlen können gut dargestellt werden. Die Kinder müssen beim Vorwärts- und Rückwärtszählen so langsam zählen, wie sie ihre Finger ausklappen können. Ein „Herunterleiern der Zahlreihe" ohne entsprechendes Begreifen durch die eigene Anschauung wird folglich vermieden. Außerdem sehen die Kinder, dass sie beim Überschreiten des Zehners die Hände eines Partners benötigen. Von Nachteil ist, dass die Kinder sich nicht von den Fingern lösen. Rechenvorteile können auf diesem Weg nicht erarbeitet werden. Auch ist diese Rechenmethode sehr langsam, wenn sie konsequent beibehalten wird. Darum ist davon auszugehen, dass das Kind von allein irgendwann diese Methode der „Rechenmaschine" verlassen wird, nämlich dann, wenn es sich einen sicheren inneren Zahlenstrahl aufgebaut hat.

Die beschriebene Methode wird in erster Linie für den Kindergarten und die erste Klasse empfohlen. Gerade im Kindergartenalter sollte sie sehr gezielt eingesetzt werden. Hier können ergotherapeutische, motorische, zählende und sprachliche Elemente vielfältig verknüpft werden. Aber auch bei Schulkindern (Schuljahrgänge 1 und 2) kann ein gezielter kurzzeitiger Einsatz der Methode zum Aufbrechen des zählenden Rechnens führen.

Zum Training der Schreibfähigkeit der Ziffern kann die Methode des Schreibens von Ziffern auf großen Blättern angewandt werden. Die Bewegungsabfolge wird mit verschiedenen Farbstiften immer wieder geübt, falls nötig anfangs mit Handführung durch den Lehrer.

Die Erscheinung, bei zweistelligen Zahlen erst den Einer und dann den Zehner zu schreiben, ist oft erst ab der Zahl 21 zu beobachten. Die Zahlen 11 bis 20 werden von den meisten Kindern noch in der adäquaten Schreibrichtung aufgeschrieben, seltener kann beobachtet werden, dass Kinder schon ab der 13 die Zahl von rechts nach links schreiben. Die Zahlmenge sollte ausreichend lange mit Rechenstäben und Einerwürfeln gelegt werden. Dabei ist zu beachten, dass zuerst die Zehner gelegt werden. Anschließend werden die Zahlen dazu aufgeschrieben, also auch zuerst der Zehner und danach der Einer. Diese Technik lässt sich am besten üben, indem der Lehrer eine Zahl nennt, die Kinder die Zahl mit Zehnerstäben und Einerwürfeln oder Zehnerbündeln und den Fingern als Einer vor sich legen (kybernetisches Zählen). Anschließend wird die Zahl aufgeschrieben. Häufige Zahlendiktate auch an der Tafel erleichtern dem Lehrer die Kontrolle über die korrekte Schreibweise der Schüler.

Zum **Training der Raum-Lage** gibt es vielfältige Arbeitsblätter in verschiedenen Schulbuchverlagen. Auch Ergotherapeuten können gute Anregungen geben. Das Erkennen der rechten und linken Hand am eigenen Körper ist für manche Kinder ein sehr schwieriger Prozess, und manche Menschen behalten diese Problematik ihr Leben lang bei. Häufig wird der Rat gegeben, ein Armband an die rechte Hand oder an die Schreibhand zu binden. Diese Methode ist durchaus brauchbar, wird aber dann zum Problem, wenn das Armband abgelegt wird. Die kybernetische Zählmethode (DREHER/SPINDLER, 1996) geht davon aus, dass wir alle (auch die linkshändig dominanten Menschen) im Laufe unseres Lebens die rechte Hand als Grußhand verinnerlichen. Also wird das Kind immer wieder an die Grußhand erinnert, wenn es links oder rechts verwechselt. Am besten erfolgt die Erinnerung, indem der Lehrer dem Kind die Hand gibt und ihm „Guten Tag" wünscht. Es wird spontan die rechte Hand reichen und lernt dabei seine fehlerhafte Äußerung selbst zu korrigieren.

Selbstreflexion und Fallbeispiele

Angela Dietl

Reflexive Arbeit führt zu einer Veränderung der Lehrerhaltung in der pädagogischen Arbeit. Der Lehrer erfährt den Beziehungsaspekt seiner Förderdidaktik und nähert sich an den jeweils besonderen Lernweg des Kindes an. Mit Laura (die Namen wurden geändert) wird ein Mädchen vorgestellt, das eine Sprachentwicklungsverzögerung hatte, woraus besondere Startschwierigkeiten im Leselernprozess resultierten. Tim lernt in der zweiten Klasse. Bei ihm zeigte sich plötzlich ein Versagen im Lesen und Rechnen, nachdem er die erste Klasse erfolgreich bewältigt hatte. Zu beiden Fällen wird im Folgenden die Selbstreflexion des Lehrers im Lehr-Lernprozess mit dem Schüler beschrieben.

5.1 Fragen zur Selbstreflexion

Selbstreflexion über
1. **die persönliche Beziehung zum Schüler:** Bin ich bereit, mich auf das Kind einzulassen? Was führt dazu, dass ich gerade in der aktuellen Lernsituation das Kind nicht annehmen kann?
2. **das Hineindenken in den Lernweg des Kindes:** Worin besteht die subjektive Logik des Kindes bei seinen Lösungen? Was macht das Kind mit der Aufgabe? Auf welche Strategien greift es zurück? Wo könnte ein möglicher Denkfehler liegen?
3. **die eigenen Lehrmethoden und Kompetenzen der Lernbeobachtung:** Welche Lehrmethoden führen zu welchen Lernschritten? Welche Vorteile hat das, und welche Nachteile muss ich dabei in Kauf nehmen? Wie ist diese Lehrmethode in den alltäglichen Lernprozess der Schulklasse zu integrieren?
4. **die Beziehungsdynamik im Lern-Lehrprozess:** Nimmt das Kind den Lern-Lehrweg an? Was macht das Kind mit dieser Lernmethodik? Was bewirkt die aktuelle, von mir gestaltete Lernsituation bei mir?
5. **das Ergebnis der Förderung und die Ursachenanalyse für Erfolge oder Misserfolge:** Wieso kam es zum Misserfolg/zum Erfolg? Welche weiteren Lehrschritte wären nun sinnvoll?

Die **erste Frage** ist die nach der persönlichen Beziehung zum Schüler: *Bin ich bereit, mich auf diesen Schüler einzulassen? Was führt dazu, dass ich gerade in der aktuellen Lernsituation das Kind nicht annehmen kann?* Oft gibt es unbewusste Gedanken und Gefühle, die einen Lehrer bereits in der ersten Begegnung mit dem Schüler beeinflussen. Sei es nun der Name des Kindes, das Aussehen oder der äußere Rahmen, die Schule, die Klasse – sofort werden Erinnerungen geweckt; unbewusste Zuschreibungen treten auf, wie: „nun, sein Bruder war auch nicht viel besser in der Schule". Es kann auch sein, dass die Sonderpädagogin der Akte bereits Informationen über das Kind entnommen hat oder Kollegen ihr Hinweise gegeben haben. Nun wäre es sicher falsch, Vorinformationen abzulehnen. Damit würden dem Lehrer unter Umständen durchaus wichtige Informationen versperrt bleiben und unnötige Konflikte in der Erstbegegnung herausgefordert. So ist es z. B. sehr wichtig, darüber informiert zu sein, dass ein Kind Blick- oder Körperkontakt nur schwer aushalten kann, seine Händigkeit umgestellt wurde. Ein guter Weg beim Umgang mit Vorinformationen, unbewussten Zuschreibungen usw. ist, sich bewusstzumachen, dass man diesen Prozessen immer ausgesetzt ist. Eindrücke und Informationen und die daraus ableitbaren Deutungen oder Interpretationen müssen getrennt werden. Erst nach diesen Überlegungen kann die Lehrerin sich offen dem Kind zuwenden und es so annehmen, wie es sich gibt. Vorschnell wäre, nach einer ersten Begegnung mit dem Kind sofort zu glauben, es zeige ein mangelndes Interesse am Lernen. Besser ist, nur konkret Beobachtbares zu benennen, z. B. wie das Kind am Tisch sitzt, dass es sehr oft mit den Händen zappelt, sich spontan von der Aufgabenstellung abwendet, Fragen stellt, obwohl es die Aufgabenstellung nicht bis zum Ende gelesen hat. Das sind konkret beobachtbare Verhaltensweisen, welche mehrere Interpretationen zulassen. Die Interpretationen (beispielsweise, dass das Kind Gleichgewichtsprobleme hat, es gewohnt ist, sich durch Fragen schnell und bequem Hilfe zu organisieren, mit dem Verhalten seine Unsicherheit verdeckt) kann man als Arbeitshypothesen stehenlassen, die immer wieder auf ihre Richtigkeit überprüft werden.

In dieser Phase des Auslotens ihrer Beziehung zum Kind schützt sich die Lehrerin davor, vorschnell gefassten Meinungen zu folgen und bleibt offen für alle Interpretationen. So kann sie erfahren, dass ein bestimmtes Kind doch ganz anders als sein älterer Bruder ist. Auf ein anderes Kind geht sie ganz offen zu, obwohl es von den Lehrern als sehr ängstlich und zurückhaltend beschrieben wurde. Jeder Mensch bildet subjektive Theorien und Erklärungen für häufig beobachtete Phänomene, was mit der Gefahr verbunden ist, sehr schnell „eine Schublade zu ziehen". Ist ein Kind sehr unbeholfen in seiner Wortwahl und dem Satzaufbau, so wird dieses Verhalten rasch mit der Vermutung einer Lernschwäche verbunden. Eine Sprachentwicklungsverzögerung kann auch durch Hörprobleme verursacht werden: Das Kind

Sich unbewusste Zuschreibungen bewusstmachen

kann sich zwar sprachlich nicht altersgerecht äußern, aber z. B. in Mathematik gute Leistungen zeigen. Zum Schutz vor der Übermacht subjektiver Theorien und voreiliger Schlüsse ist es sehr hilfreich, die eigenen Beobachtungen und Arbeitshypothesen in einer Fallbesprechung zur Diskussion zu stellen.

Die **zweite Frage** dreht sich um das Hineindenken in den Lernweg des Kindes: Worin besteht die subjektive Logik des Kindes bei seinen Lösungen? Was macht das Kind mit der Aufgabe? Auf welche Strategien greift es zurück? Wo könnte ein möglicher Denkfehler liegen? Ein Kind, das ein Wort in bestimmter Weise schreibt oder bei einer Rechenaufgabe zu einer bestimmten Lösung kommt, folgt einer inneren Logik. Es stellt sich also die Frage: *Welche subjektive Logik liegt im Lösungsweg des Kindes?* „Fehler sind individuelle, oft kreative Lösungsversuche seitens der Schüler, die der Lehrkraft nicht einsichtig, nachvollziehbar und sinnvoll erscheinen. Diese individuellen Lösungswege werden erst in der Beurteilung seitens der Lehrkraft zu Fehlern aufgrund erwarteter, konventioneller Regelmechanismen und Normen" (WERNER, 2003, 237).

Subjektive Handlungslogik erfassen

Beispiel: Eine Schülerin rechnet: „34 + 27 = 106". Ist ihr nicht klargeworden, an welcher Position die Ziffern stehen? Oder es war ihr zu schwer, die Einer „4" und „7" zu addieren, da sie den Zehner überschreiten müsste? Wahrscheinlich wählt sie den für sie einfacheren Lösungsweg „3 + 7 = 10", überträgt diese Grundaufgabe auf den Zehner („30 + 70 = 100") und ergänzt die „vermeintlichen Einer" („4 + 2 = 6"). So erhält sie am Ende die Lösung „106". Grundfehler war das Nicht-Erkennen der Bedeutung der Ziffernfolge in der Stellentafel. Ein rechenschwaches Kind kann zwar durchaus vorwärtszählen und beherrscht somit Einsichten in die Zahlenreihe. Aber dem Kind ist nicht bewusst, dass jede Zahl eine Menge repräsentiert. Die „7" ist nicht einfach die siebte Zahl in der Reihe, sondern steht für sieben Einer, die als Menge aufgefasst werden müssen. Darum ist für einige rechenschwache Kinder nicht klar, dass die Zifferfolge „27" sehr wohl etwas ganz anderes bedeutet als die „72".

Die **dritte Frage** umkreist die eigenen Lehrmethoden und Kompetenzen der Lernbeobachtung und richtet sich direkt auf die Kompetenz des Lehrers: Welche Lehrmethoden führen zu welchen Lernschritten? Welche Vorteile hat das, und welche Nachteile muss ich dabei in Kauf nehmen? Wie ist diese Lehrmethode in den alltäglichen Lernprozess der Schulklasse zu integrieren? *Welche Lehrmethoden kenne ich? Welche Hinweise werden innerhalb der Methode bei den möglichen Stolperstellen vorgegeben? Welche weiteren Methoden gibt es?* Kennt die Lehrerin die Lern- und Lösungsschritte des

Individuelle Eignung der Methode prüfen

Kindes, so kann sie sich nun überlegen, mit welchen Methoden und didaktischen Kniffen es gelingen kann, in dieses Gefüge einzugreifen, um das Kind aus seiner Sackgasse des Lernweges hinauszuführen? Es gibt nicht die Lehrmethode, die alle Kinder zum gewünschten Lernziel bringen wird, wohl aber günstigere und ungünstigere Methoden. Immer aber werden einige Kinder mit der favorisierten Methode nicht zum Ziel kommen und andere Ansätze benötigen.

Entwicklung des Lehr-Lernprozesses beobachten

Die **vierte Frage** beschäftigt sich mit der Beziehungsdynamik im Verlauf des Lern-Lehrprozesses: Nimmt das Kind den Lern-Lehrweg an? *Was macht das Kind mit dieser Lernmethodik? Was bewirkt die aktuelle, von mir gestaltete Lernsituation bei mir als Lehrerin? Wie wirkt dies auf das Kind zurück, und wie lernt es?* Wenn dem Lehrer klargeworden ist, welche innere Logik das Kind gerade anwendet und ihm eine günstige Lehrmethode bekannt ist, die es nun zur weiteren Entwicklung befähigen könnte, sollte er den pädagogischen Lernprozess in Gang setzen und beginnen, mit dem Kind zu arbeiten. In der Phase des angeleiteten Lernprozesses ist es sinnvoll, sofort wieder diesen Prozess zu reflektieren (und somit auch auf die ersten beiden Ausgangsfragen zurückzugreifen).

Aus dem Fördererfolg lernen

Die **fünfte Frage** ist die nach dem Ergebnis der Förderung und der Ursachenanalyse für Erfolge oder Misserfolge: *Wieso kam es zum Misserfolg/zum Erfolg? Welche weiteren Lehrschritte wären nun sinnvoll? Welche weiteren Lernschritte sollten sich anschließen?* Nach Abschluss einer Lerneinheit reflektiert der Lehrer das Ergebnis des Kindes und kann weitere Maßnahmen einleiten. Die Frage, ob es sich um einen Misserfolg handelt, wenn das Kind noch nicht den Lernschritt verstanden hat, ist nicht einfach zu beantworten. Oft wird bei genauer Betrachtung des „Denkfehlers" des Kindes klar, dass es noch treffsicherer angeleitet werden muss.

Die Vorteile des reflexiven Prozesses im professionellen Handeln sind:
- Prozesse des Stagnierens beim Lernen des Kindes werden schneller erfasst.
- Die Durchdringung der Förderstrategien zeigt, welche Strategie bei welchem Kind Erfolg verspricht.
- Bei unsicheren Situationen kann oft sogar erkannt werden, dass die Problematik eher in der Beziehungsdynamik als im Lernweg des Kindes zu finden ist.
- Durch die gute Passung von Förderstrategie und Lernweg werden viele störende Verhaltensweisen abgebaut, ohne dass an diesen Verhaltensweisen direkt gearbeitet wurde.

5.2 Laura – ein Mädchen, das individuelle Hilfe beim Lesenlernen benötigte (Klasse 1)

Laura – Fallbeispiel
Laura wurde in der sonderpädagogischen Beratung als Schülerin mit Entwicklungsproblemen angemeldet, als sie sich in der ältesten Kindergartengruppe befand und ihre Eltern bereits einen Antrag auf Feststellung des sonderpädagogischen Förderbedarfs gestellt hatten. Sie zeigte eine Sprachentwicklungsverzögerung, Auffälligkeiten in der motorischen Entwicklung, und es bestand der Verdacht auf eine tiefgreifende Persönlichkeitsstörung (frühkindlicher Autismus). Zudem hatte sie auffällig schwache Werte im intellektuellen Bereich. Das Mädchen besuchte einen Integrationskindergarten und erhielt seit ihrem vierten Lebensjahr eine umfangreiche Förderung durch eine Heilpädagogin. Außerdem erhielt sie bereits logopädische und ergotherapeutische Förderung (im zeitlichen Wechsel). Die ausführliche Diagnostik zum Verdacht auf frühkindlichen Autismus lief noch während des durchgeführten Förderausschuss-Verfahrens. Für das erste Schuljahr wurde ihr der sonderpädagogische Förderbedarf für den Bereich Sprache zuerkannt. Laura wurde mit zwei sonderpädagogischen Förderstunden in der Woche in eine Regelklasse ihres Heimatortes eingeschult. Während der sonderpädagogischen Diagnostik wurden ihre schnelle Auffassungsgabe im mathematischen Bereich und eine gute Merkfähigkeit festgestellt. Dazu zeigte sie oft eine hohe Anstrengungsbereitschaft, konnte recht gut Tätigkeiten von anderen Menschen beobachten und versuchte sich auch anzupassen. Das war ein entscheidender Vorteil für die Integration von Laura in der Schulklasse. Auch zeigte sie nur selten Echolalien oder andere auffällige Bewegungsmuster, die oft bei autistischen Kindern beobachtet werden.
Laura hatte ein „Team von Helfern": Sie wurde durch die Eltern gut gestützt, erhielt logopädische Förderung am Nachmittag und einen auf sie zugeschnittenen individuellen Lernplan in der Grundschule. Sie lernt bis zum heutigen Tag in ihrer Grundschulklasse und erfüllt die Anforderungen des Regelschulplans trotz der intellektuellen Einschränkungen und des später bestätigten Verdachts auf frühkindlichen Autismus.
Laura erhielt im ersten Schulhalbjahr zwei Einzelförderstunden durch die Sonderpädagogin. In den ersten sechs Schulwochen zeigten sich keine Leistungsprobleme in Deutsch oder Mathematik.
In der Schulklasse hatte sie von Beginn an einen festen Sitzplatz in der zweiten Reihe am Fenster. Daneben befand sich eine gute Ablagefläche für ihre Materialien. Die neben ihr sitzende Schülerin war ein sehr ruhiges und liebes Mädchen. Zwischen den beiden Kindern entwickelte sich in den ersten Wochen eine leichte

Freundschaft, die auch durch die Elternhäuser aufgegriffen und unterstützt wurde. Diese Sitzregelung wurde bis heute beibehalten. Nach einem Schuljahr musste die Klasse innerhalb des Schulgebäudes umziehen. Doch da dieser Wechsel langfristig vorbereitet und stückweise immer wieder thematisiert wurde, konnte Laura ihn gut verkraften.

Zur persönlichen Beziehung: Bin ich bereit, mich auf das Kind einzulassen? Der Kontakt zu Laura fiel der Sonderpädagogin nicht schwer, da auch Laura offen auf sie zugehen konnte. Auch wenn Laura manchmal an Ritualen sehr festhielt und nur schwer davon abzubringen war, sodass auch die Sonderpädagogin sich oft darauf einstellen musste, dass bestimmte Abfolgen für Laura immer wichtig sind, so konnte die Sonderpädagogin damit aber gut umgehen. Ihr war klar, dass Laura leichter im Schulalltag zu begleiten war, wenn ihr ab und zu Zeiten zum Ausleben von Ritualen zugestanden wurden, da Laura sich danach umso besser wieder auf neue Lernaufgaben einstellen konnte. Die Sonderpädagogin wurde dadurch gezwungen, genau über ihre Stundenplanung für Laura nachzudenken. Die verinnerlichten Handlungsstrategien blieben auch gut verankert, und es ließ sich darauf gut weiter aufbauen.

Zum Erkennen des Lernweges des Kindes: Habe ich Hypothesen, wie das Kind zu seiner Lösung gekommen ist? Wie sieht die subjektive Logik des Kindes in seinem Aneignungsprozess des Unterrichtsstoffes aus? In den ersten Schulwochen hatte Laura sich die Lesetexte oder Wörter in der Fibel ganzheitlich eingeprägt. Sollte sie bekannte Wörter nun aber in einem anderen Satzrahmen lesen, konnte sie diese nicht erkennen. Sie las die Wörter nicht, sondern versuchte, sie wiederzuerkennen. Es war vorherzusehen, dass der von ihr eingeschlagene Lernweg bald zum Misserfolg führen würde. Laura war dem Lerntempo ihrer Schulklasse beim Erlernen der Buchstaben nach wenigen Wochen nicht mehr gewachsen. Sie verwechselte nach zwei Monaten die Buchstaben n und m (optische Ähnlichkeit) und l und n (Lautbildungs-Ähnlichkeit), obwohl sie diese Buchstaben in den ersten vier Wochen scheinbar sicher gelesen hatte. Zusätzlich wirkten sich die Sprachentwicklungsverzögerung und die Unfähigkeit, anderen Menschen ins Gesicht zu sehen, beeinträchtigend auf den Leselernprozess aus. Um die Ähnlichkeitshemmung außer Kraft zu setzen, mussten die genannten drei Buchstaben im zeitlichen Abstand und jeweils isoliert immer wieder geübt und gefestigt werden. Der von Laura eingeschlagene Lernweg des Auswendiglernens der Wörter erwies sich als nicht erfolgreich. Das Mädchen benötigte nun eine Methodik, die ihr wieder ein freudiges Lernen und ein Anschließen an das Lerntempo der Klasse ermöglichte.

Zu den Lehrmethoden: Habe ich Vorstellungen darüber, welche Schritte zum Erfolg führen können? Da schon vor Schulbeginn vermutet wurde, dass Laura Probleme mit dem Lesen- und Schreibenlernen zeigen würde, stellte sich die Sonderpädagogin von Beginn an auf eine Deutschförderung ein. Sie beschäftigte sich intensiv mit dem Leselernprozess, las sich in die Konzepte „Leseschwächen frühzeitig fördern" von RUDOLF MÜLLER, den Kieler Leseaufbau und das Konzept des Silbenlernens nach KLAUS KUHN (konzeptionell im Mildenberger Verlag umgesetzt) ein. Gleichzeitig wusste sie, welche Fibel die Klassenlehrerin einsetzen würde und auch für Laura vorgesehen hatte. Aus den Fördervereinsgeldern der Schule wurde für die Klasse zusätzlich das Material aus dem Mildenberger Verlag „Lesen in Silben" angeschafft. Also stand für die Förderung zusätzlich eine Silbenfibel und Kopiermaterial aus diesem Programm zur Verfügung. Die Eltern von Laura waren bereit, zusätzlich eine eigene Silbenfibel für das häusliche Üben zu kaufen. Weiterhin erhielt Laura die in der Schule üblicherweise eingesetzte Magnettafel mit den aktuell erarbeiteten Buchstaben auch für die häuslichen Übungen. Das setzte regelmäßige Kontakte zu ihren Eltern voraus, einschließlich einer Anleitung, wie sie mit dem Material üben könnten. Ein zusätzliches Problem entstand durch die abweichende Reihenfolge der zu erarbeitenden Buchstaben in der Silbenfibel und in der von der Grundschule favorisierten Fibel. Es war zu erwarten, dass Laura irgendwann dem Lerntempo der Klasse nicht mehr entsprechen würde; trotzdem beschloss das Lehrteam um Laura (Sonderpädagogin, Klassenlehrerin und Eltern), dass sie die Erarbeitung der Buchstaben in derselben Reihenfolge wie ihre Mitschüler erfahren sollte. Eine andere Reihenfolge der Buchstabenvermittlung war nicht günstig, da im Klassenraum die Buchstaben in der Reihenfolge ihrer Erarbeitung an einer Wand aufgehängt wurden. Auch Laura konnte sich daran gut orientieren und wusste immer genau, welche Buchstaben sie noch erlernen wollte. Die Sonderpädagogin entwickelte individuelle Lesetexte zu den eingeführten Buchstaben, sodass Laura immer wieder Leseanreize entsprechend ihrer Fähigkeiten empfing. Die Klasse erlernte wöchentlich einen neuen Buchstaben. An der Erarbeitung nahm Laura immer teil. Aber in ihren Lesetexten wurden diese neuen Buchstaben oft erst nach zwei oder drei Wochen hinzugenommen. Für diese Lesetexte machte sich die Sonderpädagogin das Konzept der Silbenteppiche aus dem Kieler Leseaufbau zunutze und kombinierte es mit dem Silbenfibel-Konzept.
Als Silbenteppiche dienten Arbeitsblätter im Querformat, die jeweils eine Tabelle mit fünf Spalten und acht Zeilen enthielt. In jedem Kästchen stand ein Wort oder eine Silbe (Schrifttyp Comic Sans und Schriftgröße 24/18) mit dem gerade erarbeiteten Buchstaben.

da	Da na	Sand	Ma de
de	Di no	Mund	Ma den
di	Do se	rund	Rad
do	Di na	und	Na del
du	Do nau	die	Nu del
die	dort	der	ra deln
dei	U do	das	A de le
dau	Do mi no	Da me	Ad di

Abbildung 5.1: Silbenteppich für Laura

Laura erhielt also wöchentlich ein bis zwei Silbenteppiche, die in der Förderstunde mit dem Mädchen erarbeitet wurden. Anschließend nutzte die Lehrerin die Arbeitsblätter für die individuelle Leseförderung mit Laura während der täglichen Differenzierungsphase. Weiterhin hatten die Eltern täglich Zugriff auf diese Silbenteppiche und übten ebenfalls damit. In der folgenden Förderstunde wurde die Lesefähigkeit anhand des aktuellen Silbenteppichs überprüft, und Laura erhielt eine Belobigung in Form eines Stempels, wenn sie den Teppich fehlerfrei vorlesen konnte. Eingesetzt werden sollten weiterhin das silbenorientierte Verfahren zur Unterstützung des Schreibenlernens (s. Kap. 4.2 und Abb. 4.2, S. 61). Ergänzend wurden Übungen zum Erkennen und Differenzieren von Buchstaben bereitgehalten (Beispiel: Abb. 5.2).

alle Wörter mit d, D! Kreise sie ein!					
Hase	Dose	saufen	du		
holen	laufen	Hansi	heute		
hier	Toni	Dora	hierher	dein	
Hurra	hossa	die	Nina	Dino	
der	laufen	Dina	holen	das	
hier	her	heraus	dort		
Haus	Maus	sind	Papi	Dieter	
rufen	drin	sind	rufen	den	
Sand	turnen	Domino	holt	Emilia	
Lisa	Toni	Marten	Hannah		
Ende	Leon	holt	Udo		

Abbildung 5.2: Arbeitsblatt für Laura

Zur Beziehungsdynamik im Lern-Lehrprozess: Nimmt das Kind den Lern-Lehrweg an? Was bewirkt die aktuelle, von mir gestaltete Lernsituation in mir? Laura arbeitete von Beginn an gern mit der Sonderpädagogin, die sie bereits aus dem Kindergarten kannte. Außerdem besaß Laura eine hohe Motivation, das Lesen und Schreiben zu erlernen, und sie las gern. Ihre Erfolgszuversicht half ihr oft über langsame Lernphasen hinweg. Laura nahm im regulären Unterricht an der Erarbeitung aller Buchstaben ebenso wie alle Schüler teil, erhielt aber in den Förderstunden und in der binnendifferenzierten Arbeit immer eigene Arbeitsblätter mit den Buchstaben, die sie sicher beherrschte. Besondere Freudentage waren für Laura, wenn sie ihre Leseblätter alle erfolgreich vorlesen konnte, da sie dann wusste, sie würde einen weiteren Buchstaben lernen, den die Mitschüler schon lesen durften. Laura zeigte eine gute intrinsische Motivation zum Lernstoff, und es bedurfte nur einer passenden Zergliederung des Lernstoffes in die Umfänge, die sie erfolgreich erfassen und verinnerlichen konnte. Da die Förderstunden nach einer – für Laura vorhersehbaren – Abfolge von Tätigkeiten verliefen, war sie nicht ängstlich. Sie kannte den Ablauf genau und konnte entspannt in diese Stunden gehen. Oft war der Sonderpädagoge dabei für sie nur ein „Hilfsmittel", um ihr verinnerlichtes Ziel: „genauso gut lesen können wie ihre Mitschüler" zu erreichen. Darauf mussten sich die Lehrerin und die Sonderpädagogin einstellen.

Phasen des Misserfolgs zeigten sich bei Laura sehr selten. Nach den ersten acht Wochen kam es zu einem Einbruch im Lerntempo. Die Klassenlehrerin und Sonderpädagogin waren darauf vorbereitet und hatten sich schon im Vorfeld dahingehend verständigt, in diesem Fall für Laura einen eigenen Lernplan zu entwickeln. Bis zu diesem Zeitpunkt hatte die Klasse folgende Buchstaben erarbeitet: „M", „m", „O", „o", „A", „a", „I", „i", „N", „L", „l". Dem Plan der Schulklasse zufolge sollte nun weiterhin wöchentlich ein weiterer Laut/Buchstabe erarbeitet werden. Dagegen sah Lauras Lernplan vor, die erarbeiteten sechs Laute und zwölf Buchstaben zu festigen. Erst wenn diese sicher von ihr beherrscht wurden, sollte sie wieder wöchentlich oder alle zwei Wochen einen weiteren Laut/Buchstaben erlernen. Es gab aber auch Tage, an denen sich Hoffnungen auf einen Fördererfolg nicht erfüllten. Gut war es, sich dann auszutauschen und von den anderen wieder aufgefangen zu werden. Als ein „Motor" im pädagogischen Team notierte die Sonderpädagogin kleine Fortschritte, um sie in schwierigen Phasen sich selbst oder den anderen bewusstzumachen. Im Großen und Ganzen gab es aber nur wenige Misserfolge, und oft waren sie dann darauf zurückzuführen, dass das Team Lauras Lerntempo überschätzte.

Zum Ergebnis der Förderung: Laura erhielt einen eigenen Lernplan. Ihr wurde mehr Zeit zum Festigen der Buchstaben eingeräumt. Entsprechend lernte sie weniger Buchstaben aktiv. Im Unterricht konnte Laura trotzdem an der Erarbeitung der weiteren Buchstaben passiv teilnehmen. Nach den Osterferien gewann Laura zunehmend Sicherheit im Leseprozess und konnte daher in kürzerer Zeit weitere Buchstaben erarbeiten. So wurde der Lernplan flexibel an ihre aktuellen Fähigkeiten angepasst. Zum Schuljahresende konnte festgestellt werden, dass Laura das Klassenziel auch im Fach Deutsch erreicht hatte. Die noch fehlenden Buchstabenverbindungen (z. B. „sp" und „st") würden im kommenden Schuljahr schnell nachgeholt werden können. Die Rechen- und Schreibfähigkeiten entsprachen ebenfalls dem Klassenziel. Laura beendete die Klassenstufe 1 erfolgreich. Im zweiten Schuljahr wurde Laura zusammen mit einem Jungen aus ihrer Klasse gefördert. Förderziele waren das Sprechen mit Gleichaltrigen, das Einhalten von Regeln und das Rechtschreiben. Da der Junge, seinem sonderpädagogischen Förderbedarf, entsprechend, auch noch von einer weiteren Kollegin gefördert wurde, konnte Laura auch an dieser Stunde teilnehmen. Dadurch erhielt sie weiterhin zwei Förderstunden pro Schulwoche, und sie lernte, sich auf neue Lehrpersonen einzustellen. Im zweiten Halbjahr der Klasse 2 wurde der sonderpädagogische Förderbedarf „Autismus" bestätigt. In den folgenden Schuljahren wurde ihr eine pädagogische Hilfskraft zur Seite gestellt (zwei Wochenstunden). Laura lernt jetzt in der vierten Klasse weiterhin erfolgreich. Sie bewältigt den Regelschulplan gut.

5.3 Tim – ein Junge, der individuelle Hilfe beim Lesen- und Rechnenlernen benötigte (Klasse 2)

Tim – Fallbeispiel

Tim hatte das erste Schuljahr absolviert. Im zweiten Schuljahr zeigte er plötzlich größere Lernlücken. Das Lesen fiel ihm sehr schwer. Als seine Finger beim Rechnen nicht mehr ausreichten, um bis 20 oder 30 zu rechnen, zeigte Tim in der Schule zunehmend störende und irritierende Verhaltensweisen. So wurden die Eltern zur weiteren Schulberatung geschickt. Beim ersten Familienkontakt fiel es Tim schwer, stillzusitzen und zuzuhören. Es gelang ihm nicht, sich mit sinnvollen Spielen im Warteraum zu beschäftigen. Er zeigte seine Anwesenheit sehr intensiv, indem er mit den Autos auf dem Spielteppich sehr laut „Verkehrsunfall" spielte. In der Einzeldiagnostik hatte Tim große Mühe, sich mit den schulischen Aufgaben zu beschäftigen. Es war ihm sehr wichtig, Pausenzeiten zu vereinbaren und deren Einhaltung auch zu kontrollieren. Erst dann war er bereit mitzuarbeiten. Es stellte sich heraus, dass Tim durchaus über eine normale intellektuelle Befähigung verfügte, aber große Probleme in der visuellen Wahrnehmung, in der Auge-Hand-Koordination, im rechnerischen Denken und in der Handlungsplanung hatte. Im ersten Kontakt zeigte er keine ausreichende Lesefähigkeit. Häufig kam es zu Auslassungen in der Zeile oder einem Verrutschen in der Reihenfolge der Zeilen. Außerdem traten viele Spiegelungs- und Vertauschungsfehler beim Lesen, Schreiben und Rechnen auf.

Tim hatte die Schreibschrift schon weitgehend erlernt. Er zeigte im Diktat vorwiegend lautgetreue Fehler, aber auch Wortdurchgliederungs- und Trennschärfe-Fehler. Insgesamt lag die Anzahl der Fehler in der Norm seiner Schulklasse. Die größten Probleme zeigten sich beim Rechnen. Tim konnte Rechenaufgaben nur zählend lösen. Aber die Zahlen „25" und „52" zu vergleichen, gelang nicht. Sie waren für ihn gleichwertig. Zweistellige Zahlen schrieb er von rechts nach links. Die Mengendarstellung zu Zahlwörtern mit Material zu legen, beherrschte er nicht.

In der Schule verhielt sich Tim oft albern und störend. Als Grund gaben die Eltern an, Tim imitiere lediglich die im Haushalt der Familie lebende demenzkranke Großmutter. Dass ihr Sohn dieses Verhalten auch zeigen könnte, weil er sich den ihn überfordernden Aufgaben nicht stellen wollte, erwogen die Eltern anfangs nicht. Auch aus Sicht der Lehrerin war Tim nicht eindeutig als lernversagend einzustufen. An einigen Tagen verblüffte er die Lehrerin und die Eltern durch eine gute Leistungsfähigkeit, und an anderen Tagen gelang ihm nicht eine einzige Aufgabe seines Wochenplans.

Tims Verhalten deutete darauf hin, dass er bei der Bewältigung von schulischen Anforderungen das Selbstvertrauen in seine Leistungsfähigkeit verloren hatte. Seine negativen und abweisenden Gefühle nahmen zu. Er glaubte nicht mehr daran, die Aufgaben bewältigen zu können, seine Erfolgserwartung sank ab bis zur Hilflosigkeit. Seine Clownerien könnten also schon Ausdruck seiner emotionalen Bewältigungsstrategien sein (EMMER/HOFFMANN/MATTHES 2007).

Es ging darum, den für Tim geeigneten individuellen Lernplan zu entwickeln. Seine Eltern sollten wieder Vertrauen in die Leistungsfähigkeit ihres Kindes gewinnen und verstehen, wie er gerade lernt und was er aktuell bewältigen kann. Nicht zuletzt benötigte Tim Erfolgserlebnisse, um ihn aus der momentanen Rolle des Klassenkaspers wieder herauszuholen.

Aufgrund der Diagnostik war klar, dass Tim sehr auf Zeiteinhaltung achtete, bevor er sich überhaupt den Lernaufgaben zuwenden wollte. War es seine Hoffnung, bald wieder der unangenehmen Lernsituation zu entrinnen? Oder hatte er generell keine Freude mehr an schulischen Dingen? Tim war ein Kind mit normalen intellektuellen Voraussetzungen, dem die Herausbildung einer kombinierten Teilleistungsstörung (Deutsch und Mathematik) drohte. Es war klar, dass Fortschritte nur bei kontinuierlicher Einbindung der Eltern erreicht werden könnten. Die Mutter war hochmotiviert, mit ihrem Sohn mitzulernen. Der Vater konnte, beruflich be-

dingt, Tim seltener zu den Förderstunden begleiten. Dennoch nahm er Anteil und freute sich später über die Lernfortschritte seines Sohnes.
Die Eltern schätzten die Fähigkeiten ihres Sohnes entweder unrealistisch ein, oder sie versuchten sich selbst zu täuschen, da sie mehrfach betonten, zu Hause löse er doch alle Aufgaben richtig. Also wurde vereinbart, dass Tim im Beisein seiner Eltern Förderung bekommen sollte. Zum einen sollten die Eltern dabei beobachten können, wie sie zu Hause weiterarbeiten könnten. Sie hofften ja, der Knoten müsse nur platzen und Tim könne dann doch in der Klassenstufe 2 bleiben. Besonders wichtig war es, die Eltern zu gewinnen. Sie waren momentan die einzige Stütze für das Kind. Die Lehrerin hatte den Jungen eigentlich schon aufgegeben und erwartete von der Beratung, dass die Eltern sofort eine Rückstufung in die Klasse 1 befürworten würden. Außerdem sollten die Eltern lernen, die Fähigkeiten ihres Sohnes realistisch einzuschätzen.
Tim bloß zurückzusetzen und auf ein Nachreifen seiner Fähigkeiten zu hoffen, wäre kurzschlüssig. Der Junge hatte sich offenbar schon aufgegeben. Seine Verhaltensauffälligkeiten in der Schule und seine massive Abwehr, sich mit schulischen Dingen zu beschäftigen, deuteten sehr stark darauf hin. Die Gefahr einer Lernstörung war recht hoch. Mit Einverständnis der Eltern erhielt Tim zuerst nur Förderstunden zum Lesen. Nach acht Wochen zeigte sich, dass Tim die Lesetechnik erfasst hatte, und er erhielt anschließend Förderung im Rechnen.
Die Klassenlehrerin in den Prozess einzubinden gelang erst nach einigen Monaten. Die Kommunikation mit der Klassenlehrerin lief also nur über die Mutter und das Hausaufgabenheft des Kindes. Aber als sich nach drei Monaten erste Lernfortschritte zeigten, kam es dann zu einem Erfahrungsaustausch mit der Lehrerin, und es wurde gemeinsam an der weiteren individuellen Lernplanarbeit für Tim gearbeitet. Am Ende des zweiten Schulbesuchsjahres wurde dann auch vonseiten der Eltern erkannt, dass Tim mehr Zeit zum Erlernen des Schreibens und Rechnens benötigt. Tim wurde am Ende des zweiten Schuljahres in die Klasse 2 zurückgestuft und konnte nach einem Wiederholungsjahr erfolgreich an den Lernplan seiner Mitschüler in der Grundschule anschließen.

Zur Analyse der Beziehung: Bin ich bereit, mich auf das Kind einzulassen? Tim hatte durchaus den Wunsch, lesen und rechnen zu können. In ihm war jedoch schon der Gedanke entstanden, dazu sei er zu dumm. Entsprechend abwartend ging er in die Förderung hinein. Auch seine Haltung gegenüber Lehrern war vorsichtig. Ein guter „Schachzug" war also, die Mutter in den Förderstunden mit anwesend sein zu lassen. Tim zeigte weniger Ausweichverhalten. Für die Pädagogin war es wichtig, Tim nicht in seiner Einstellung „Ich kann das nicht" zu bestärken. Entsprechend musste passendes Material ausgewählt werden, welches ihn nicht unter- oder überforderte. Auch benötigte er sehr kleine Erfolgserlebnisse, damit er in seiner Einstellung erschüttert werden konnte. Da Tim eine starke Abneigung gegenüber dem Lesen und Rechnen entwickelt hatte, wurde ihm in jeder Förderstunde gezeigt, welche Aufgaben er schaffen kann. Nach jeder abgearbeiteten Aufgabe wurde ihm sein Erfolg vorgeführt und ein nächster Schritt angebahnt. Den Abschluss bildete immer ein Lernspiel, welches Tim sich anfangs selbst ausgesucht hatte. Durch die klare Gliederung der Förderung und eine gleichbleibend ruhige Haltung der Lehrerin überwand Tim seine anfänglich abwartende Haltung und es entwickelte sich eine vertraute Partnerschaftlichkeit.

Zum Erkennen des Lernweges des Kindes: Habe ich Hypothesen, wie das Kind zu seiner Lösung gekommen ist? Wie sieht die subjektive Logik des Kindes in seinem Aneignungsprozess des Unterrichtsstoffes aus? Zu Beginn der Leseförderung konnte Tim Silben klatschen, aus drei bis vier Lauten durch Synthese ein Wort erfassen (h-au-s) und auch einsilbige Wörter richtig lautieren. Beim Lesen spiegelte er b und d, vertauschte Silben und las sehr oft ratend. Oft verrutschte er in den Lesezeilen. Tim hatte alle Buchstaben erlernt, jedoch unsicher verankert. Sehr häufig fragte er: „Wie sieht der Buchstabe zu k aus?" Er benutzte abwechselnd die Laut- und Buchstabennamen. Mitten im Vorlesen eines Wortes stockte er, zeigte auf einen Buchstaben und fragte: „Wie heißt der Buchstabe?" Weiterhin zeigte sich, dass Tim ungern ins Buch schaute, oft nur flüchtig hinsah und sich z. B. von den Bildern am Leserand gern ablenken ließ. Die Mutter berichtete, dass häusliche Übungen in einen „Machtkampf" ausuferten. Noch dramatischer war die Schreibentwicklung. Tim zeigte nicht nur lautgetreue Fehler. Häufig ließ er Vokale oder Konsonanten bei Konsonantenhäufungen aus und verwechselte auch viele Konsonanten.

Tim hatte sich beim Lesen das Lautieren vor dem Lesen des Wortes angewöhnt. Dieser Lernweg verhindert jedoch das silbige Lesen. Solange Wörter nur einzeln gelesen werden, kann ein Kind diesen Lernweg durchaus favorisieren. Wendet es diesen Weg aber auch bei Sätzen und Texten an, so deutet es darauf hin, dass das Kind noch unsicher im silbigen Lesen oder sogar unsicher im Wiedererkennen der Buchstaben ist. Ein zeitökonomisches Lesen mit dem Ziel, einem Text Inhalte zu entnehmen, wird dadurch gänzlich verhindert. Natürlich hat Tim aus diesem Grund immer auch auf die Methode des Auswendiglernens der Fibelseiten zurückgegriffen, da er sich dadurch Anstrengung ersparen konnte. Aber auch ein ganzheitliches Einprägen von Wörtern führt ebenso nicht zum Ziel des fließenden Lesens.

Im Rechtschreiben erfasste Tim die Methode der Silbenstruktur der Wörter. Darum kam es kaum zu den Vokalauslassungen. Er konnte sich die Wörter in Silben zergliedern, verwechselte jedoch auch hier hin und wieder einige Konsonanten und ließ bei Konsonantenhäufungen Konsonanten aus.

Beim Rechnen blieb Tim dem zählenden Vorgehen verhaftet. Da er wusste, dass er nicht mit den Fingern rechnen sollte, suchte er sich andere Strategien: Vor dem inneren Auge stellte er sich den Zahlenstrahl vor und zählte dann beim Rechnen entweder nach links (Minusaufgaben) oder nach rechts (Plusaufgaben). Das kostete ihn eine sehr hohe Anstrengung, und darum vermied er das Rechnen oft. Außerdem verwechselte Tim ab und zu die Abzählrichtung. Die normalen und ablenkenden Geräusche des Schulalltags auszublenden, forderte ihm einen sehr hohen zusätzlichen Konzentrationsaufwand ab. Beim Schreiben von zweistelligen Ziffern hatte Tim es sich angewöhnt, die zuerst gehörte Zahl zuerst aufzuschreiben, damit er sie nicht vergaß. Entsprechend kam es zur inversen Schreibweise oder auch zu Zahlendrehern.

Zu den Lehrmethoden: Habe ich Vorstellungen darüber, welche Schritte zum Erfolg führen können? Am sinnvollsten erschien für Tim bei der Unterstützung des Leseprozesses die interaktive Leselernmethode von JANSEN. Tim musste keine große Lernmotivation zum Lesen mitbringen, und die Anforderungen lagen sehr niedrig. Jeder Silbenteppich oder Lesetext würde ihn überfordern. Zugleich verbot es sich, wieder auf die ersten Fibelseiten zurückzugreifen, denn dann kommentierte Tim: „Das kann ich, das machen doch die Erstklässler."

Für die Rechtschreibung wurde die Silbenstruktur der Wörter nochmals gefestigt (s. Kap. 4.2 und Abb. 4.2). Für diese silbenorientierte Lern-Lehrstrategie entwickelte die Lehrerin eine Reihe von individualisierten Arbeitsblättern und Lernplakaten (Beispiele: Abb. 5.3 bis 5.9). Tim wurde zum kommentierten Schreiben angeleitet. Die Eltern leisteten einen großen Beitrag, indem sie mit Tim bestimmte Schreibblätter erarbeiteten (individualisierte Hausaufgabe).

	Diese Selbstlaute kenne ich schon.			
A/a	E/e	I/i	O/o	U/u
	Der Mund geht langsam zu!			

	Diese Selbstlaute merke ich mir.			
		Ä/ä	Ü/Ü	Ö/ö	Das ist schön!
Äu/äu Mützen-äu	ie	Eu/eu	Au/au	ai	Ei/ei

Das ist nicht einerlei!
Jede Silbe hat einen Selbstlaut
Das sage ich ganz laut!

Abbildung 5.3: Lernplakat für Tim

	a e i o u ü	ie au
Ich höre scht – ich schreibe **st**		
Stul le		
Stüh le		
stel len		
Ster ne		
Ich höre schp – ich schreibe **sp**		
spie len		
Sport		
Spat zen		
Spuk haus		

1. Selbstlaute farbig markieren
2. Silbenbögen setzen im zweiten Kästchen und nur die Selbstlaute darüber schreiben
3. Im dritten Kästchen Wort richtig aufschreiben, dabei erstes Kästchen verdecken
4. Kästchen 1 und 3 vergleichen (Lernkontrolle) und wenn richtig abhaken

DU HAST PRIMA GESCHRIEBEN – DICKES LOB

Abbildung 5.4: Schreibblatt für Tim

TIM	a, e, i, o, u,	ä, ü, ö, äu, ie, eu, au, ai, ei	
	Ines		
	Isabella		
	Igel		
	Indianer		
	Lie be		
	Wie se		
	Rie se		
	Hie be		
	1. Selbstlaute farbig markieren 2. Silbenbögen setzen im zweiten Kästchen und nur die Selbstlaute darüber schreiben 3. Im dritten Kästchen Wort richtig aufschreiben, dabei erstes Kästchen verdecken 4. Kästchen 1 und 3 vergleichen (Lernkontrolle) und wenn richtig abhaken **DU HAST PRIMA GESCHRIEBEN – DICKES LOB**		

Abbildung 5.5: Arbeitsblatt zur Erarbeitung der Schreibung des „ie" (Tim)

Bei offener Silbe schreibe ich „ie"
Wie-se, Rie-se
Am Wortanfang aber nie
I-nes, I-gel

Abbildung 5.6: Lernplakat zum „ie" (Tim)

wie der			
Lie der			
Ma rie			
Sie			
Nie			
Tie re			
Tier stäl le			
pie pen			
Rei sen			

1. Selbstlaute farbig markieren
2. Silbenbögen setzen im zweiten Kästchen und nur die Selbstlaute darüber schreiben
3. Im dritten Kästchen Wort richtig aufschreiben, dabei erstes Kästchen verdecken
4. Kästchen 1 und 3 vergleichen (Lernkontrolle) und wenn richtig abhaken

DU HAST PRIMA GESCHRIEBEN – DICKES LOB

Abbildung 5.7: Arbeitsblatt zur weiteren Festigung des „ie" (Tim)

Bei offener Silbe schreibe ich meist „ie"

Nun gibt es ein paar Wörte, die sind anders!
Ki-no, Ki-lo, Ti-ger

Das sind Lernwörter, die wir schreiben und uns merken!

Abbildung 5.8: Lernplakat zum „ie2 und „i" in Fremdwörtern (Tim)

TIM	a, e, i, o, u ,	ä, ü, ö, äu, ie, eu, au, ei
Kino		
Kilometer		
Tiger		
Liter		
Video		
Rosine		
Maschine		
Apfelsine		
Mandarine		

1. Selbstlaute farbig markieren
2. Silbenbögen setzen im zweiten Kästchen und nur die Selbstlaute darüber schreiben
3. Im dritten Kästchen Wort richtig aufschreiben, dabei erstes Kästchen verdecken
4. Kästchen 1 und 3 vergleichen (Lernkontrolle) und wenn richtig abhaken
    DU HAST PRIMA GESCHRIEBEN – DICKES LOB

Abbildung 5.9: Schreibblatt zum „i" in Fremdwörtern und Lehnwörtern (Tim)

Zur Beziehungsdynamik im Lern-Lehrprozess: Nimmt das Kind den Lern-Lehrweg an? Was bewirkt die aktuelle, von mir gestaltete Lernsituation in mir?

Nach zwei Monaten zeigte Tim einen großen Sprung in der Lesefähigkeit, griff eigenständig zu Kinderbüchern und hatte die Lesetechnik für sich erfasst. Das Legen und Abzählen der Finger nach der kybernetischen Methode kamen Tims Bewegungsdrang sehr entgegen. Inzwischen zeigte Tim in den Förderstunden eine positive Einstellung zu seinen Fähigkeiten. Tim war sehr stolz darauf, dass er das Lesen für sich entdeckt hatte. Er gab seine frühere Einstellung auf und wollte nun auch das Rechnen so schnell lernen.

Parallel zur kybernetischen Rechenförderung musste Tim eine sichere Raum-Lage-Beziehung erarbeiten. Diesem Ziel dienten Arbeitsblätter aus dem Programm „Geschickte Hände", Bd. 2 (KISCH 2003).

Zur Verdeutlichung der korrekten Schreibweise von Zahlen wurden die Zehnerstäbe und Einerwürfel aus dem Rechenmaterial „Farbige Stäbe" aus dem Schubi-Verlag benutzt.

Das Rechenverfahren der Addition wurde mithilfe der kybernetischen Methode erarbeitet, wobei zunächst immer nur zum vollen Zehner im Hunderterraum gerechnet wurde (z. B. „25 + x = 30", „36 + x = 40", ...) und später das überschreitende Rechnen erarbeitet wurde. Außerdem lernte Tim die Struktur der sich wiederholenden Aufgaben kennen („7 + 5 = 12", „17 + 5 = 22", „27 + 5 = 32", ...). So war es ihm endlich möglich, den Rechenweg des zerlegenden Rechnens, der in der Schule verlangt wurde, zu erfassen und aufzuschreiben.

In der Förderung zeigte sich, dass Tim die Überzeugung fehlt, erfolgreich lernen zu können. Deshalb verhandelte er gern und häufig über den zu leistenden Arbeitsaufwand. Hier war hilfreich, dass eine positive Bezugsperson zunächst anwesend blieb. In diesem Fall übertrug die Mutter die Überzeugung: „Du lernst es hier in diesen Förderstunden auf jeden Fall" auf den Jungen. Später war die Anwesenheit der Mutter nicht mehr so bedeutsam, denn Tim hatte eine positive Lernhaltung entwickelt. Die Haltung der Förderlehrerin blieb verbindlich hinsichtlich der Aufgaben und zugleich annehmend hinsichtlich Tims Lernwillen. Sie ermutigte ihn, sich den Aufgaben zu stellen, bot ihm Aufgaben an, die an der Grenze seines aktuellen Lernstandes waren und zeigte ihm seine Erfolge nach jeder richtig gelösten Aufgabe.

Nach jeder Förderstunde ließ die Lehrerin die Situation noch einmal auf sich einwirken. Sie spürte auch unangenehmen Gefühlen nach – bei sich und bei Tim. Solche Gefühle waren in der Regel dann aufgetreten, wenn Tim einen Lernschritt nicht so nachvollziehen konnte, wie er geplant war. Daraus ergaben sich für die folgende Förderstunde geeignete Lernziele. Die Förderlehrerin hatte dann immer die Aufgabe, Übungseinheiten für Tim zu entwickeln.

Zum Ergebnis der Förderung und zur Ursachenanalyse für Erfolge oder Misserfolge: Alle am Lernförderprozess Beteiligten waren positiv überrascht, in welchem Tempo Tim es geschafft hatte, das Lesen sicherer zu beherrschen und Rechenaufgaben ohne die zählende Methode zu lösen. Der Junge hatte sich eine feste Basis erarbeitet, auf der er im Wiederholungsjahr aufbauen konnte. Die anfangs gezeigten Verhaltensauffälligkeiten waren fast vollständig aus dem Schulalltag verschwunden, ohne dass direkt an ihrer Überwindung gearbeitet wurde. Tim ging wieder gern zur Schule und hatte für sich das Lesen entdeckt. Im Wiederholungsjahr erarbeitete sich Tim weitere Kompetenzen im Rechtschreiben und im Rechnen. Er ist hin und wieder auf kleine Denkanstöße angewiesen und gerät beim Rechnen an bestimmte Grenzen, benötigt aber aktuell keine besondere zusätzliche Förderung.

Förderung in temporären Lerngruppen am Schulanfang

Thomas Schumacher

In diesem Kapitel wird das Konzept der temporären Lerngruppen als Alternative zum herkömmlichen Förderunterricht vorgestellt. Eingangs erfolgt eine Klärung des Begriffs, um daraufhin aufzuzeigen, wie man durch Lernstandserhebungen möglichst passgenau geeignete Kinder für die temporäre Förderung herausfindet. Es folgt die Beschreibung möglicher Förderziele, geeigneter Trainingsmaterialien sowie eines beispielhaften Vorgehens während der Förderung. Abschließend wird auf die dafür notwendige Arbeit im Pädagogenteam und weitere Rahmenbedingungen der Förderung innerhalb einer temporären Lerngruppe eingegangen.

6.1 Temporäre Lerngruppen

Förderunterricht folgt häufig keiner sinnvollen und kohärenten Konzeption oder wird als Anhängsel des Regelunterrichts betrachtet. Er dient oftmals nur dem Nacharbeiten nicht verstandener Unterrichtsinhalte und erweist sich nicht selten als wenig zielgerichtet, effektiv und motivierend. Bleibt also die Frage zu beantworten, inwieweit sich schulische Organisationsstrukturen professionalisieren lassen, um dem Förderunterricht bzw. der Förderung in Kleingruppen einen angemessenen Stellenwert einzuräumen. Daraus erwächst die Frage, wie sich innerhalb von Schulentwicklungsprogrammen Konzepte entwickeln lassen, die der Förderung in Kleingruppen einen festen und damit verlässlichen Rahmen einräumen. Es fragt sich zudem, wie die Schuleingangsphase generell der wachsenden Heterogenität hinsichtlich divergierender Kompetenzen in den verschiedenen Entwicklungsbereichen begegnen kann.

Im Zuge der in vielen Bundesländern mehr oder minder vollzogenen Reform der Primarstufe würden fundierte Förderunterrichts- bzw. Kleingruppenkonzepte neben Ganztagsschule, flexibler Eingangsphase und Lernstandsanalysen einen ergänzenden Beitrag zu erfolgreichem Lernen und Chancengleichheit am Schulanfang leisten. Es ist davon auszugehen, dass zum Zeitpunkt der Einschulung *Entwicklungsunterschiede von bis zu vier Jahren bei der Einschulung* bei den Kindern bestehen (vgl. Kap. 1, S. 8 sowie LauBe 2006: 4f.). Diese sich vergrößernde Varianz beim Entwicklungsalter resultiert zum einen aus der Absenkung des Einschulungsalters in einigen Bundesländern, zum anderen aber auch aus den in unserer Zeit immer häufiger vorkommenden motorisch-sensorischen, emotional-selbstregulatorischen oder sprachlich-kognitiven Entwicklungsrückständen bei Kindern im Vorschul- und Einschulungsalter. Da sich die Lebensbedingungen und damit auch die Lernvoraussetzungen immer weiter auseinanderentwickeln, sollten im Zuge des Aufbaus einer neuen Schulanfangsphase effiziente Formen zur Gestaltung der individuellen Förderung gefunden werden. Eine in der Praxis bereits erprobte Form ist die der temporären Lerngruppen als Baustein eines pädagogischen Unterstützungssystems.

Ferner wäre erforderlich, zum Schuleingang Lernstandserhebungen in den Bereichen Deutsch, Mathematik, Wahrnehmung und Motorik durchzuführen. Selbstverständlich dürfen diese Entwicklungsbereiche nicht isoliert, sondern nur in ihrem Zusammenspiel betrachtet werden. Sprachliche, mathematische und basale Fähigkeiten sind folglich nur in ihrer Interdependenz zu verstehen. Im Sinne eines ganzheitlichen Ansatzes muss der einzelne Schüler stets in seiner Gesamtpersönlichkeit – also nicht nur in seinen defizitären Entwicklungsbereichen – gesehen werden. Eine praktische Schlussfolgerung für die Lehrkräfte besteht nun darin, das Kind in seiner Ganzheit zu erkennen und dementsprechend zu fördern. Ausgehend von den Stärken des Kindes müssen die weniger entwickelten Kompetenzen im regulären Unterricht sowie bei Bedarf innerhalb der förderdiagnostischen Lernbeobachtung und in temporären Lerngruppen gefördert werden. So kann das Kind in angemessener Weise dort abgeholt werden, wo es steht.

Wie im Kapitel 1 (s. S. 8 ff.) bereits beschrieben, haben mehr als sechs Prozent der Kinder allgemeine Lernstörungen. Darunter fallen nicht nur Kinder, die im traditionellen Sinne als lernbehindert gelten, sondern auch Kinder mit zeitweiligem sonderpädagogischen Förderbedarf, folglich Schulanfänger mit unterschiedlichsten Entwicklungsverzögerungen und Einschränkungen im emotional-sozialen Bereich.

Sechs Prozent der Gesamtschülerschaft gelten als lernbeeinträchtigt

Im Zuge inklusionspädagogischer Entwicklungen soll künftig zunehmend auf eine Statusdiagnostik – auch aus Gründen der diagnostischen Trennschärfe vor allem bei jüngeren Kindern zum Schuleintritt – verzichtet werden. Neben förderdiagnostischen Beobachtungen und Begleitungen könnten durch temporäre Lerngruppen Entwicklungsverläufe unterstützt und Entwicklungsdefizite kompensiert werden. Die Förderung in diesen Lerngruppen muss sich auf folgende Bereiche konzentrieren:
- Phonologische und Morphosyntaktische Bewusstheit
- Sprachförderung

- Mathematische Grundlagen
- Wahrnehmung und Motorik
- Psychosoziale Kompetenzen (Emotionalität/Sozialität)
- Lernstrategien, Motivation, Selbstinstruktion, Konzentration

Selbstredend soll in einer temporären Lerngruppe nicht einer dieser Bereiche vollkommen isoliert gefördert werden, sondern auch hier der Ganzheitsgrundsatz gelten. Allerdings entspricht es tatsächlich der konzeptionellen Intention einer temporären Lerngruppe, Kinder mit ähnlichen Schwierigkeiten – oder auch Begabungen – in einer Trainingsgruppe zusammenzufassen (s. u. ausführlicher, S. 89 f.).

„Der Begriff temporäre Lerngruppe wurde bisher in Publikationen noch nicht mit Inhalt gefüllt" (BECKER 2008, 113). Da Kinder mit sehr unterschiedlichen Voraussetzungen und Fähigkeiten eingeschult werden, richtet sich das Angebot der temporären Lerngruppen an Schüler, die aufgrund ihrer individuellen Entwicklung zu Beginn der Schulzeit eine intensivere Förderung in bestimmten Lern- oder Entwicklungsbereichen benötigen. Temporäre Lerngruppen wenden sich also an *alle* Kinder – egal ob mit oder ohne sonderpädagogischen Förderbedarf. Dies entspricht wiederum inklusiven Konzepten, die auf eine Statusdiagnostik und -zuweisung verzichten sowie jedes Kind ungeachtet seiner Schwierigkeiten oder Behinderungen individuell zu fördern beabsichtigen. Die Förderung in temporären Lerngruppen findet in kleinen Gruppen von maximal sechs Kindern parallel zum regulären Unterricht oder auch als ergänzendes Angebot im rhythmisierten Schulalltag statt. Über einen begrenzten Zeitraum – z. B. für sechs bis zwölf Wochen – erhalten die Kinder möglichst täglich, jedoch mindestens zweimal wöchentlich etwa eine Schulstunde lang, zusätzliche Förderung von entsprechend geschulten Lehrkräften. Die Kinder werden hier auf spielerische Weise mittels anerkannter Trainingsprogramme gefördert. Die Lerninhalte sind nach Möglichkeit in kindgerechte Geschichten eingebettet, die bei den Schulanfängern Lernfreude wecken und sie zum aktiven Mitmachen auffordern.

Kritiker könnten einwenden, dass temporäre Lerngruppen inklusionspädagogischen Forderungen entgegenstehen, da sie wieder eine Art Aussonderung forcieren – schließlich werden die Kinder aus dem Regelunterricht „herausgenommen". Außerdem könnte man einwenden, dass es sich in temporären Lerngruppen bezüglich des *einen* Förderbereichs stets um eine relativ homogene Schülerschaft handeln wird; Kinder werden aufgrund bestimmter – und damit gleicher oder ähnlicher – Schwächen (oder auch Stärken!) in einer spezifischen Fördergruppe zusammengefasst. Doch dieser Homogenitätsaspekt ist innerhalb der Reform der Primarstufe mit all ihren integrativen Elementen ausdrücklich intendiert. Auch wenn es sich dabei eher um eine Maßnahme der äußeren Differenzierung handelt, sind temporäre Lerngruppen ein unabdingbarer Bestandteil inklusiver Strukturen. Denn die Konstituierung temporärer Lerngruppen stellt einen wesentlichen Beitrag zur individuellen Förderung dar. Auf Grundlage der Lernstandserhebungen erhalten die Kinder in diesen Kleingruppen eine äußerst zielgerichtete Förderung. Der Lernprozess wird dokumentiert, die Lernschritte in einem individuellen Lernplan beschrieben und der zeitliche Umfang eingeschätzt. Temporäre Lerngruppen sind als eine notwendige Ergänzung zum binnendifferenzierten Unterricht zu sehen. Denn nur geöffnete Unterrichtsformen mit einhergehender Rhythmisierung ermöglichen überhaupt die praktikable Durchführung und sinnvolle Einbindung von temporären Lerngruppen in den Schulalltag. Beide Organisationsformen zusammen, sowohl der offene Unterricht im Klassenverband als auch die ergänzende Förderung in temporären Lerngruppen, versprechen eine zielgerichtete und effektive Unterstützung der entsprechend förderbedürftigen Kinder und stellen ein integratives Handlungskonzept dar. Durch die präventive Förderung in Kleingruppen an der Grundschule wird einer drohenden Separation, beispielsweise durch die Abschiebung an eine Sonderschule, entgegengewirkt.

Im Gegensatz zum Nachhilfeunterricht zielt die Förderung innerhalb einer temporären Lerngruppe nämlich nicht allein auf die Überwindung diagnostizierter Defizite. Innerhalb herkömmlicher Nachhilfe werden in der Regel unverstandene Inhalte des Grundschulunterrichts aufgegriffen, nachgearbeitet und geübt. Nachhilfeunterricht verfolgt demnach eher „Reparaturstrategien", die von kurzzeitiger Wirkung sind oder sogar Lernbeeinträchtigungen kumulieren lassen, da Nachhilfe häufig mit geringer Lernmotivation und Lernfreude einhergeht. Im ungünstigsten Fall kommt es im Lernprozess zu einem Kausalkreis mit negativer Rückkopplung, und die Komplexität und Tiefe der Beeinträchtigungen wachsen an (vgl. auch HELMKE 1997, ESSER 1997, KRETSCHMANN 2007). Nachhilfeunterricht wird vom Kind häufig als lästig oder gar als Strafe empfunden und kann zu geringen Selbstwirksamkeitserfahrungen beitragen.

Temporäre Lerngruppen wirken der Abschiebung auf die Sonderschule entgegen

Hingegen basiert die Förderung in einer temporären Lerngruppe auf einer eigenständigen Auswahl von Inhalten und Trainingsprogrammen, die den Unterrichtsstoff der Grundschule ergänzen und unterstützen soll. Auf Grundlage der Lernstandserhebungen werden zielgerichtete Fördermaßnahmen geplant und möglichst wirkungsvolle Förderprogramme herangezogen, um an die vorhanden Kompetenzen der Kinder anzuknüpfen und weniger ausgeprägte Fähigkeiten effektiv fördern zu können. Dies bedeutet selbstverständlich nicht, dass die Förderung in der temporären Lerngruppe vollkommen losgelöst vom regulären Unterricht durchgeführt wird. Auch soll es sich bei den temporären Lerngruppen nicht um „eine Art Auffang- und Notfallstation" für lernschwache Kinder handeln (MÜLLER 2006, 15). Im Sinne einer förderdiagnostischen Unterstützung (vgl. Kap. 1–3, S. 8–51) besteht ein enger *Austausch zwischen Sonderpädagogin und Klassenlehrerin*. Er erfolgen Absprachen, insbesondere hinsichtlich des aktuellen Lernbedarfs seitens des Kindes, und gegenseitige Förderempfehlungen. Dennoch findet innerhalb der zeitweiligen Förderung keine Nachbereitung von – womöglich versäumten – Unterrichtsinhalten statt, es werden also vom Kind auch keine Materialien aus dem Unterricht mitgebracht. Die temporären Lerngruppen folgen einem eigenen Fahrplan, demzufolge einem unabhängigen Curriculum oder Trainingsprogramm, um ein strukturiertes Vorgehen zu ermöglichen. Gerade die Einbettung der Lerninhalte in kindgerechte Geschichten (z. B. in ein Bilderbuchprojekt) sorgt für den Erhalt hoher Lernmotivation und Lernfreude. Die Erfahrung zeigt, dass die Kinder die Lerngruppen sehr gerne besuchen und mitunter die Teilnahme regelrecht einfordern. Sie werden wieder zum Lernen ermutigt, fassen Selbstvertrauen und reagieren meist nicht mehr mit Rückzug oder Vermeidungsstrategien. (Lern-)Stress wird in der Kleingruppe reduziert.

Zuletzt sei kurz darauf hingewiesen, dass sich inzwischen die vielfache Verwendung bzw. Mehrdeutigkeit des Begriffs der temporären Lerngruppen als problematisch erweist. So wird er mittlerweile als Oberbegriff für die verschiedensten Organisationsformen der schulischen Förderung in Kleingruppen verwandt, beispielsweise für die hier beschriebenen ergänzenden Lerngruppen zum regulären Unterricht, aber auch für den herkömmlichen – häufig inkohärenten – Förderunterricht oder für sonstige Formen sonderpädagogischer und zeitlich begrenzter Kleinklassen. Eine terminologische Festlegung auf das Konzept der oben beschriebenen ergänzenden und zeitweiligen Förderung in Kleingruppen nach anerkannten Trainingsprogrammen wäre wünschenswert und sinnvoll.

6.2 Einrichtung temporärer Lerngruppen und was im Vorfeld zu tun ist

Bevor eine temporäre Lerngruppe eingerichtet werden kann, müssen förderbedürftige Kinder durch planvolles Beobachten und ein entsprechendes förderdiagnostisches Vorgehen im Unterricht erkannt und ausgewählt werden. Um dies exemplarisch darzustellen, wird hier der Bereich der phonologischen Bewusstheit gewählt, der eine Grundlage für einen erfolgreichen Schriftspracherwerb darstellt, und den es deshalb unmittelbar zu Beginn der Schuleingangsphase zu überprüfen und ggf. zu fördern gilt.

Phonologische Bewusstheit beschreibt die Fähigkeit, die Aufmerksamkeit von der Bedeutung der Sprache abzuwenden und auf den formalen, lautlichen Aspekt zu lenken, folglich z. B. Reime zu reproduzieren, Silben zu segmentieren und Anlaute zu erkennen (vgl. LauBe 2006, 22 f.).

Die phonologische Bewusstheit stellt einen basalen sowie sprachlichen Teilbereich kindlicher Entwicklung dar. Wie bereits beschrieben, sind die am Schulanfang zu überprüfenden Hauptentwicklungsfelder

- die basalen Kompetenzen (Motorik/Wahrnehmung),
- der Lernbereich Deutsch (Schriftspracherwerb/Sprachstand),
- der Lernbereich Mathematik (z. B. Mengenvergleich/Seriation) und evtl.
- die psychosoziale Situation (Emotionalität/Sozialität).

Die Überprüfung sprachlicher und mathematischer Fähigkeiten erfolgt in der Regel durch Unterrichtsmaterialien, die entweder durch die entsprechenden Bildungsministerien oder die Schulbuchverlage zu erwerben sind und beispielsweise in die „Wochenplanarbeit von Anfang an" praktikabel mit eingebunden werden können (URBAN 2003, 19 ff.). Parallel dazu sollte die Sonderpädagogin oder eine entsprechend geschulte Grundschullehrkraft mit Unterstützung einer Lehrer- oder Erzieherkollegin die motorischen und sensorischen Fähigkeiten der Schüler überprüfen. Aus dieser Überprüfung sprachlicher und basaler Fähigkeiten können bereits wichtige Informationen hinsichtlich phonologischer Kompetenzen der Kinder gewonnen werden. Zeigen Kinder in einem dieser Bereiche eher leichte Auffälligkeiten (was nicht bedenklich oder ungewöhnlich ist), kann eine Förderung im regulären Klassenunterricht mit entsprechend differenzierten Angeboten genügen. Machen sich allerdings starke Auffälligkeiten bemerkbar, ist die Konstituierung einer entsprechenden temporären Lerngruppe zu erwägen. Wie im vorangegangenen Unterkapitel dargestellt, würden sich hier Lerngruppen zu den Bereichen ‚Förderung der Motorik', ‚Förderung der Wahrnehmung' oder ‚Förderung der phonologischen Bewusstheit' ergeben. Kinder, die aufgrund größerer Auffälligkeiten für die zuletzt genannte Lerngruppe infrage kommen, sollten zusätzlich mit einem standardisierten Verfahren überprüft werden, z. B. mit dem Münsteraner Screening (MANNHAUPT 2006), um exaktere Aussagen über die Fähigkeiten und Fertigkeiten der betroffenen Kinder machen zu können und Lernfortschritte zu einem späteren Zeitpunkt besser erfassen und dokumentieren zu können.

Alle Lernstandserhebungen und die daraus abgeleiteten Fördermaßnahmen erfolgen spielerisch; sie sind in unserem Beispiel thematisch in die Rahmenhandlung ‚Reise durch den Zauberwald' (vgl. SenBJS 2006) und in eine projektartig gestaltete Unterrichtseinheit „Hexen und Zauberer" eingebettet und finden vor den Herbstferien mit einem Halloween-Hexen-Fest ihren Höhepunkt und gleichzeitigen Ausklang.

Zum Schulanfang können alle Kinder einer Klasse mit einem selbst zu wählenden Screeningverfahren bezüglich ihrer sensorischen und motorischen Fähigkeiten überprüft werden.

Spielerische Überprüfung mit Hexen, Piraten oder Indianern

Im weiteren Vorgehen kann zusätzlich eine Überprüfung mittels eines (standardisierten) Verfahrens (z. B. MÜSC) und ein Abgleich mit den zuvor im Unterricht gewonnenen Ergebnissen erfolgen. Beide Überprüfungen – sowohl das allgemeine Screening mit allen Kindern der Klasse als auch der Test mit den auffällig gewordenen Kindern in der Kleingruppe – sollten spielerisch erfolgen, z. B. innerhalb einer Hexen-, Piraten- oder Indianergeschichte. Kinder, die auch in dem standardisierten Test signifikante Auffälligkeiten zeigen, nehmen an einer temporären Lerngruppe zur Förderung der phonologischen Bewusstheit teil. Im hier dargestellten Beispiel werden alle Überprüfungssituationen und Fördermaßnahmen in die Rahmengeschichte ‚Reise durch den Zauberwald' eingebettet. Die Überprüfung und Förderung erfolgt in Kleingruppen (z. B. „Drei kleine Hexen" und „Drei kleine Zauberer"). Bei der Einläutung der jeweils folgenden Überprüfungssituation sowie Einteilung in Kleingruppen kann wie folgt vorgegangen werden:

- Eine jeden Morgen stattfindende Freiarbeit, z. B. mittels ‚Wochenplan von Anfang an' (URBAN 2003), wird durch ein Bewegungslied vom ‚Zauberer Merlin' beendet (motorische Entlastung, Schulung der auditiven Merkfähigkeit und der Rhythmik sowie Festigung des Körperschemas).
- Die Schüler begeben sich daraufhin selbstständig an ihre Plätze.
- Die Lehrkraft öffnet eine Zaubertruhe, holt beispielsweise Abbildungen der einer kleinen Hexe hervor (stummer Impuls) und erzählt dazu eine kurze Geschichte, die durch ein kurzes Tafeltheater mithilfe der Abbildungen untermalt werden können (Motivation).
- Am Ende der Geschichte zieht die Lehrerin stets ‚den sprechenden Hexenhut' aus der Truhe, der ihm dann die Namen der Kinder zuflüstert, die heute mit in den Zauberwald kommen dürfen (Überprüfungssituation/Lernstandserhebungen).

Innerhalb der einzelnen Überprüfungs- und Fördersituationen können zwecks Visualisierung unterstützend Abbildungen aus unterschiedlichsten Bilderbüchern mit Hexengeschichten herangezogen werden. Darüber hinaus erhält jedes Kind einen Hexen- bzw. Zaubererhut, der zusätzliche Motivation, Lernfreude und eine spielerische Identifikation schaffen soll. Leitfiguren für die Kinder können eine ‚Kleine Hexe' (Mädchen) und ein ‚Kleiner Zauberer' (Jungen) sein.

Kinder, bei denen in der Überprüfungssituation Schwierigkeiten auf phonetisch-phonologischer Ebene ersichtlich werden, zeigen häufig auch Unsicherheiten beim rhythmischen Klatschen und Klopfen. Ferner sind die Kinder häufig nicht imstande, im Takt mitzuklopfen bzw. zu klatschen oder erfassen die Anzahl der Klopf- bzw. Klatschgeräusche nicht korrekt. Ähnlich verhält es sich mit Problemen bei der Erfassung und Reproduktion von Silben sowie der Silbenanzahl. Darüber hinaus bestehen bei einigen Schülern – beispielsweise bei Sprechversen – Schwierigkeiten in der auditiven Merkfähigkeit, die innerhalb des auditiven Wahrnehmungsprozesses in enger Verknüpfung zur phonologischen Bewusstheit zu sehen ist. Da es sich bei der phonologischen Bewusstheit um eine Vorläuferfähigkeit für das Lesen- und Schreibenlernen handelt, hätte eine ausbleibende Förderung in diesen Bereichen mit hoher Wahrscheinlichkeit negative Auswirkungen auf den anzubahnenden Lese-Rechtschreibprozess. Die frühe Identifizierung von ‚Risikokindern' sowie die Entwicklung spezifischer Fördermaßnahmen sollen in diesem Sinne präventiv wirken und einen erfolgreichen Schriftspracherwerb gewährleisten. Das beschriebene Überprüfungsprozedere kann aussagekräftige Ergebnisse darüber liefern, welche der im Vorfeld auffällig gewordenen Kinder tatsächlich einer spezifischen und intensiven Förderung bedürfen – beispielsweise in einer temporären Lerngruppe – und welche Kinder nur punktuell in einem Teilbereich der phonologischen Bewusstheit – z. B. durch differenzierte Aufgaben innerhalb der Wochenplanarbeit – gefördert werden müssen.

Im Sinne einer „Lernprozessbegleitung und Evaluation" (SCHUCK/LEMKE/SCHWOHL 2007) wird im Verlauf der temporären Förderung der Lernverlauf dokumentiert, und es erfolgt zum Abschluss eine erneute Überprüfung mittels eines Gruppentests, um festzustellen, inwieweit sich die phonologische Bewusstheit der Schüler verbessert hat. Somit wird der Lernprozess individuell dokumentiert und die Förderung ggf. modifiziert. Die fördernde Lehrkraft führt Elterngespräche und tauscht sich mit den Klassenlehrerinnen aus. Die individuellen Förderpläne sowie die Ergebnisse der Abschlussdiagnostik inkl. einer Dokumentation eines erzielten Lernzuwachses werden im Team besprochen und verbleiben im Schülerbogen. Dabei können weiterführende Fördermaßnahmen und -möglichkeiten erörtert werden (wie z. B. die Einbindung individueller Fördermaterialien in den geöffneten Unterricht oder die Teilnahme an weiteren temporären Lerngruppen). Das Diagramm (Abb. 6.1) soll das geplante Vorgehen bei den Lernstandserhebungen und die daraus resultierende Förderung veranschaulichen.

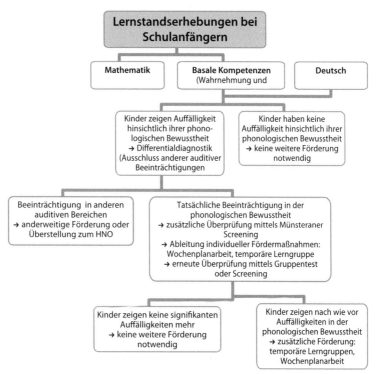

Abbildung 6.1: Geplantes Vorgehen bei Lernstandserhebungen und Fördermaßnahmen unter besonderer Berücksichtigung der phonologischen Bewusstheit

Wie bereits in Kapitel 3 (s. S. 24–51) beschrieben, führt all dies nochmals die drei Hauptfelder der Förderarbeit vor Augen:
- Teilnahme am gemeinsamen Unterricht im Klassenverband; die Kinder lernen hier anknüpfend an ihren individuellen Lernstand möglichst eigenaktiv und selbstständig in geöffneten Unterrichtsformen. Hierbei ist

Öffnung des Unterrichts nicht mit Führungslosigkeit oder einem Laissez-faire zu verwechseln.
- Arbeit an speziellen Zielen im Förderunterricht; hier geht es um spezifische (evtl. rehabilitative) Förderziele, die intern differenziert im regulären Unterricht und durch externe Differenzierung in temporären Lerngruppen umgesetzt werden.
- Weitere pädagogisch-therapeutische, insbesondere auch lerntherapeutische Maßnahmen. Die Abbildung 6.2 zeigt die drei Hauptrichtungen der Förderarbeit im Überblick (vgl. Kap. 1–3, S. 8 ff., 24 ff.):

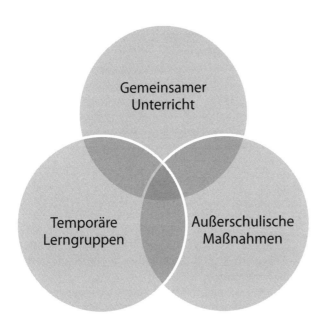

Abbildung 6.2: Felder der Förderarbeit

6.3 Wie fördern? – Förderziele und Materialien
Die Planung der Förderziele und -maßnahmen (vgl. Kap. 3, S. 24 ff.) leiten sich aus den gewonnen Ergebnissen der Lernstandserhebungen ab. Anhand des nachfolgenden exemplarischen Förderplans (Tab. 6.1) wird die spezifische Lernausgangslage hinsichtlich der phonologischen Kompetenzen ersichtlich.

Entwicklungsstand	Förderziele	Fördermaßnahmen
Kompetenzen im Bereich Reimerkennung	–	–
Unsicherheiten im Erkennen von Silben	Erkennen von Silben	Rhythmische Wortdurchgliederung: Klatschübungen Wortsilben hüpfen, laufen, schwingen Silbenbögen malen Silbenkarten zuordnen
Unsicherheiten im Erkennen von Anlauten	Erkennen von Anlauten	Gegenstände nach Anlauten sortieren Anlaut-Wortspiele Bildkarten sortieren Anlaut-Puzzle Anlaut-Domino Bestimmungsübungen zu Anlauten Arbeitsbögen zur Lauterkennung
Große Auffälligkeiten im Bereich der auditiven Merkfähigkeit	Verbesserung der auditiven Merkfähigkeit	kleine Verse und Gedichte sprechen Lieder lernen Hör- und Sprechübungen
Kompetenzen im Bereich des bewussten Sprechens	–	–

Beratungsgespräche, therapeutische, medizinische, institutionelle Maßnahmen:
– Elternberatungsgespräch am ...
– Ergotherapie dringend empfohlen

Kommentar: Bei Max liegt kein sonderpädagogischer Förderbedarf vor, jedoch wurden bei der schulärztlichen Untersuchung zur Aufnahme in die Grundschule Auffälligkeiten in der Wahrnehmung festgestellt. Max zeigte bei der Überprüfung von Wahrnehmung, Motorik und Sprache mit Ausnahme der Reimerkennung Unsicherheiten in allen die phonologische Bewusstheit betreffenden Anforderungsbereichen. Innerhalb des Münsteraner Screening (MÜSC) hatte Max Schwierigkeiten bei der Silbensegmentierung sowie in der Anlautanalyse. Weiterhin bestehen große Auffälligkeiten in den Bereichen körperbezogene basale Fähigkeiten, Körperkoordination und Feinmotorik sowie visuelle Wahrnehmung.

Tabelle 6.1: Exemplarischer Förderplan für eine temporäre Lerngruppe

Den Schulanfängern bieten sich vom ersten Schultag an vielfältige Erfahrungsmöglichkeiten mit Schriftsprache, die durch gezielte Angebote, wie die Freiarbeit mit einem ersten Wochenplan, geschaffen werden. Eine Bilderbuchecke, das Vorlesen von Kinderbüchern und das Bereitstellen von Materialien, mit denen die Schüler ihre ersten Schreibversuche beginnen können, sowie Rollenspiele sollen im Anfangsunterricht verwirklicht werden. Nicht nur Singen und Musizieren, sondern auch Klatsch- und Rhythmusspiele, Silben-Klatschen sowie der spielerische Umgang mit Reim- und Abzählversen sind wesentliche Inhalte der ersten Schulwochen. Dies beeinflusst nicht nur die emotionale Entwicklung der Kinder positiv und steigert deren Aufmerksamkeit und Konzentration, sondern fördert den spielerischen Umgang mit Lautelementen und damit die Voraussetzung für den Erwerb der Schriftsprache. Kinder, die ein Training zur Phonem-Graphem-Korrespondenz absolvieren, sollen hierbei *nicht* lesen und schreiben lernen, sondern sich lediglich die Verknüpfung zwischen einem Buchstaben und dem dazugehörigen Buchstabenbild explizit verdeutlichen.

Vorleserunden, Rollenspiele, Rhythmikübungen in den ersten Schulwochen

Da in der ersten Zeit des Schriftspracherwerbs eine gewisse Plastizität gegeben zu sein scheint, schließen sich die kompensatorischen Fördermaßnahmen unmittelbar an die in den ersten Schulwochen abgeschlossenen Lernstandserhebungen an (vgl. BARTH/GOMM 2004, 9f.). Für die intensive, spezifische Förderung in temporären Lerngruppen wäre eine Kombination aus den nachfolgend dargestellten **Förderprogrammen** denkbar:
- Leichter lesen und schreiben lernen mit der Hexe Susi (FORSTER/MARTSCHINKE 2001)
- Hören, lauschen, lernen (KÜSPERT/SCHNEIDER 2001)
- Multimediaversion des Würzburger Trainingsprogramms zur phonologischen Bewusstheit und des Buchstaben-Laut-Trainings (KÜSPERT/ROTH/SCHNEIDER 2001)
- Kopiervorlagen und Arbeitshefte der Schulbuchverlage zur Reimerkennung, Silbensegmentierung und Lautanalyse (Cornelsen: Tinto u. Ä.)
- LingoCards (2004) von LingoPlay zur Reimerkennung, Silbensegmentierung und Lautanalyse
- Förderspiele Hörspaß von miniLÜK (Lauschaufgaben)

Die dargestellten Förderprogramme und -materialien erscheinen allesamt geeignet für ein effektives Training der phonologischen Bewusstheit. Viele davon haben sich in empirischen Studien bewährt und fallen durch ihren spielerischen und damit kindgerechten Charakter auf. Um ein freudvolles Lernen zu initiieren, ist die Wahl einerseits auf Förderprogramme gefallen, die sich thematisch gut in das genannte Zauberwald-Projekt einbetten lassen (z. B. „Leichter lesen und schreiben lernen mit der Hexe Susi"), andererseits aber auch auf Materialien, die durch ihre attraktive Gestaltung einen starken Aufforderungscharakter besitzen und somit – insbesondere in der Freiarbeit mittels Wochenplan von Anfang an – höchst motivierend auf die Kinder wirken (z. B. Hefte der Schulbuchverlage oder LingoCards). Diese klar strukturierten Materialien kommen vor allem den Bedürfnissen der Kinder mit Wahrnehmungsschwierigkeiten entgegen, da sie leicht verständlich sind und zum Handeln anregen. Die Multimediaversion des Würzburger Trainingsprogramms zur phonologischen Bewusstheit erscheint insbesondere für Schüler mit sehr schwach ausgeprägten phonologischen Kompetenzen erfolgversprechend zu sein, da sie eine sukzessiv aufeinander aufbauende sowie individuelle Förderung gewährleistet. Die Förderspiele „Hörspaß" von miniLÜK bieten mit ihren Lauschaufgaben grundlegende Voraussetzungen für eine spezifische Förderung der phonologischen Bewusstheit und sollten deshalb an den Beginn der Förderung gestellt werden.

Selbstredend darf es bei der Förderung in temporären Lerngruppen nicht ausschließlich um das isolierte Training eines einzigen Lernbereichs gehen. Neben der Sprachförderung oder Vermittlung mathematischer Grundlagen müssen im Sinne einer vollständigen Lernhandlung (vgl. Kap. 1, S. 8 ff.) auch immer motivationale bzw. selbstregulatorische Kompetenzen hinsichtlich der Förderplanung berücksichtigt und in der Lerngruppe trainiert werden.

6.4 Konkrete Gestaltung einer Förderstunde

Im Folgenden wird eine Förderstunde zur Reimerkennung, Silbensegmentierung und Anlautanalyse dargestellt (in starker Anlehnung an FORSTER/ MARTSCHINKE 2001). Die Zielsetzung besteht darin, dass die Schüler während der 45-minütigen temporären Förderung ihre phonologische Bewusstheit, insbesondere das Erkennen von Silben, verbessern sollen. Sie zeigen dies, indem sie bei Lernspielen Silben korrekt segmentieren sowie einen diesbezüglichen Arbeitsbogen erfolgreich bearbeiten. Dabei soll ihnen die rhythmische Wortdurchgliederung durch Klatschübungen, das Hüpfen von Wortsilben, die Zuordnung von Silbenkarten und das Malen von Silbenbögen gelingen. Übungen zur Reimproduktion werden wiederholt, und ein Spiel zur Lauterkennung wird eingeführt.

Die aus den Lernstandserhebungen bekannten Bilder der Leitfiguren (Hexe, Katze, Oberhexe) werden zwecks besserer Zugänglichkeit und Motivierung an die Tafel geheftet und nach Bedarf in die Geschichte mit einbezogen. Ebenso stehen Hexenhüte und ein Zauberstab für einige Lernspiele zur Verfügung. Eine Handpuppe des sprechenden Raben wird zur Einführung der sogenannten Rabensprache (Silbensprache) genutzt. Durch einen beweglichen Schnabel kann jede gesprochene Silbe visuell unterstützt werden. Ähnlich wie bei der Gestaltung der Lernstandserhebungen ist zu erwarten, dass die in die Hexengeschichte integrierten Förderspiele eine hohe intrinsische Motivation bergen. Konkrete Angaben zu Ablauf und Einbettung in die Rahmengeschichte sowie zu verwendeten Medien sind der Verlaufsplanung in Tabelle 6.2 zu entnehmen.

Die Rahmenhandlung der Hexengeschichte erlaubt ein strukturiertes, ritualartiges Vorgehen, das die Kinder in hohem Maße motiviert. In diesem Sinne kann man beispielsweise den einführenden Sprechvers als Einstiegsphase, das Hüpfen der eigenen Namen als Erarbeitung, das Füllen und Abräumen der Legetafeln als Festigung und die Bearbeitung des Arbeitsbogens als Sicherung betrachten. Eine zu schematische Sichtweise ist hier jedoch nicht dienlich, da es in erster Linie darum geht, dass die Schüler die einzelnen – teils alternierenden, teils aufeinander aufbauenden – Fördermaßnahmen freudvoll und erfolgreich durchlaufen und somit zu einer Erweiterung ihrer phonologischen Kompetenzen gelangen.

Die sechs Schüler der temporären Lerngruppe werden von der Lehrerin aus dem Klassenzimmer abgeholt und aufgefordert, ihre „Hexenordner" mitzunehmen. Es erfolgt der gemeinsame Gang zum Förderraum. Die Schüler nehmen um den Gruppentisch Platz, setzen ihre Hexenhüte auf und rücken ein Stück vom Tisch ab. Es folgt die Begrüßung und Einstimmung durch das „Herbeirufen der kleinen Hexe", bei der die Schüler einen Sprechvers aufsagen und dazu rhythmisch klatschen.

Danach nutzt die Lehrerin das Tafeltheater, um die kleine Hexe aus ihrem Hexenhaus erscheinen zu lassen (z. B. laminierte Figur, die magnetisch an der Tafel haftet). Die kleine Hexe führt die Kinder regelmäßig durch das Förderprogramm. Daraufhin folgt ein weiteres Ritual, das der kontinuierlichen Festigung der Reimfähigkeit dient. Mithilfe des Zauberstabs und eines Hexenspruchs, der sich reimen muss, können sich die Schüler reihum Spielzeug aus einer Kiste „herbeihexen".

Lernspiele und Förderbereiche	Aktionen und Kommentar	Medien, Methodik und Sozialformen	Einbettung in die Rahmengeschichte
Herbeirufen der kleinen Hexe – Rhythmik – Reimerkennung – Silbensegmentierung	Einführende Übung zum rhythmischen Sprechen u. Klatschen sowie zum Überkreuzen der Körpermitte.	Anfangsritual Warming-up Motorische Entlastung Hexenhüte Hexenfigur/ Tafeltheater	Wie immer wollen wir zum Anfang die kleine Hexe herbeirufen: „Ei-ne He-xe wohnt im Wald – Klei-ne He-xe, komm doch bald."
Hexensprüche zum Herbeizaubern von Spielzeug – Reimerkennung/ -bildung	Mithilfe eines Hexenspruchs, der sich reimen muss, können sich die Schüler reihum etwas herbeihexen.	Ritual Zauberstab Spielzeugkiste	„Ene mene Stall, ich möchte einen Ball, hex, hex!"
Einführung der Rabensprache und Hüpfen des eigenen Namens – Silbensegmentierung	Der Rabe erscheint und bringt den Schülern mit seinem großen Schnabel die Rabensprache bei. Die Schüler üben diese Silbensprache anhand ihrer Namen durch Silbenhüpfen.	Handpuppe Motorische Entlastung	Rabe: „Hal-lo Kin-der, ich hei-ße Fri-do-lin. Und wie heißt ihr?" – „Kim, Le-on, Fa-bi-an ..."
Silbenklatschen und Silbenbögen malen – Silbensegmentierung	Die Schüler erhalten vom Raben einen Arbeitsbogen mit Abbildungen der bekannten Leitfiguren. Aufgabe: Silben klatschen, Silbenbögen malen, eigenen Namen verschriftlichen und ebf. mit Silbenbögen versehen.	Kooperative Einzelarbeit Arbeitsbogen Handpuppe	Rabe: „Kinder, ich habe euch ein Blatt mitgebracht, auf dem ich mit all meinen Freunden zu sehen bin. Wollen wir zusammen ihre Namen klatschen?"
Aufräumen des Hexenzimmers durch Füllen der Legetafeln – Silbensegmentierung	Alle Bildkarten, die der Rabe aus seinem Schnabel verloren hat, müssen den Legetafeln richtig zugeordnet werden.	Gruppenarbeit Silbenkarten Legetafeln Handpuppe	Im Zimmer der kleinen Hexe herrscht jetzt ein großes Durcheinander. Der Rabe ist sehr verärgert und schimpft, was das Zeug hält. Ihr müsst dem Raben unbedingt helfen, die Sachen (Bildkarten) wieder aufzuräumen.

Tabelle 6.2: Verlaufsplanung einer Beispielstunde zur Förderung der phonologischen Bewusstheit (vgl. FORSTER/MARTSCHINKE 2001) – Teil 1

Lernspiele und Förderbereiche	Aktionen und Kommentar	Medien, Methodik und Sozialformen	Einbettung in die Rahmengeschichte
Abräumen der Legetafeln – Bilder mit gleicher Silbenanzahl finden – Silbensegmentierung	Die gefüllten Legetafeln müssen durch das paarweise Auswählen von Bildern mit gleicher Silbenzahl abgeräumt werden (Selbstkontrolle auf Kartenrückseite möglich).	Partnerspiel Silbenkarten Legetafeln	Rabe: „Ihr habt mir toll beim Aufräumen geholfen. Zur Belohnung möchte ich euch jetzt ein kleines Spiel erklären ..."
Training mit Katze und Bilderkartei – Lautanalyse	Die kleine Hexe und ihre Katze bearbeiten die Bilderkartei mit Hilfe ihres Trainingsplans. Die Schüler schlüpfen in die Rollen der Katze und der kleinen Hexe. Sie sollen den jeweiligen Anlaut benennen und nach Möglichkeit für jeden Laut im Wort einen Stein legen.	Partnerarbeit Umhängeschilder Trainingsplan Trainingsschilder/ Tafel Bilderkartei Muggelsteine	Katze: „Komm, es wird Zeit für unser Training. Heute sollst du herausfinden, welcher Laut am Anfang eines Wortes steht. Dazu habe ich dir viele Bilder mitgebracht. Vielleicht weißt du auch schon, welche Laute noch im Wort enthalten sind ..."
Überprüfung der Rabensprache (Silben) sowie des Katzentrainings (Anlaute) durch die Oberhexe – Silbensegmentierung – Anlautanalyse	Abschließend erscheint in gewohnter Weise die Oberhexe und überprüft, ob die kleine Hexe und die Kinder das bisher Gelernte schon richtig beherrschen.	Einzelarbeit Hexenfigur/ Tafeltheater AB Tinto (Cornelsen) Hexenstempel	Oberhexe: „Nun will ich einmal schauen, ob ihr die Rabensprache und das Katzentraining schon richtig könnt. Das ist nämlich wichtig, um richtig lesen, schreiben und hexen zu lernen."
Verabschiedung und Vergabe von Zauberlinsen – Silbensegmentierung	Schokolinsen sollen entsprechend der Silbenanzahl den Bildkärtchen zugeordnet werden und dürfen gegessen werden.	Bildkartenspiel Schokolinsen	„So, jetzt wollen wir unsere Reise ins Land der kleinen Hexe beenden und in die Welt der Menschen zurückkehren. Damit die Rückreise gelingt, brauchen wir ein paar Zauberlinsen ..."

Tabelle 6.2: Verlaufsplanung einer Beispielstunde zur Förderung der phonologischen Bewusstheit (vgl. FORSTER/MARTSCHINKE 2001) – Teil 2

Abbildung 6.3: Sprechvers zum Überkreuzen der Körpermitte

Nach dieser Warming-up-Phase bringt der bei der kleinen Hexe wohnende Rabe den Schülern die „Rabensprache" (Silbensprache) bei. Die Kinder folgen mit großer Begeisterung den Erklärungen des Raben und achten beim Vorsprechen der Silben vor allem auf das Auf- und Zuklappen des großen Schnabels der ansprechenden Handpuppe.

Abbildung 6.4: Silbensegmentierung – Wörter klatschen

Beim anschließenden Silbenklatschen und Silbenhüpfen des eigenen Namens können sich die Schüler motorisch entlasten, sodass sie beim anschließenden Bearbeiten der Arbeitsbögen wieder konzentriert mitarbeiten sollten.

Die Schüler erhalten vom Raben ein Blatt mit Abbildungen der bekannten Figuren (Hexe, Katze, Rabe, Oberhexe). Die Namen der Figuren werden gemeinsam geklatscht und mit Silbenbögen versehen. Anschließend wird der eigene Name geschrieben und ebenfalls mit Silbenbögen untermalt. Im Anschluss an diese Aufgabe verliert der Rabe alle Silbenkärtchen, die er im Schnabel trägt und den Kindern bringen wollte, sodass die Kinder alle Karten einsammeln und ihren Legetafeln zuordnen müssen. Die Schüler amüsieren sich in der Regel über die Ungeschicklichkeit des Raben. Da die Karten und Legetafeln den Charakter eines Brettspieles haben, wirken sie auf die Kinder sehr motivierend. Sind die Legetafeln gefüllt, kommen jeweils zwei Schüler zu einem Partnerspiel zusammen: Der eine legt eine Bildkarte zurück in die Mitte und spricht und klatscht das Wort dazu, der andere wählt ein Wort mit gleicher Silbenanzahl, spricht, klatscht und legt es daneben. Eine Selbstkontrolle ist durch aufgezeichnete Silbenbögen auf der Kartenrückseite möglich. Gewonnen hat, wer seine Tafel als Erster abräumen konnte.

Abbildung 6.5: Silbensegmentierung – Gruppenspiel mit Legetafeln

Daraufhin kündigt die Hexenkatze, die selbstverständlich schon lesen und schreiben kann, das bevorstehende Partnertraining an, wozu die Kinder ihre Trainingspläne und Umhängeschilder benötigen. Auch hier werden sich die beiden Identifikationsfiguren (Katze und Hexe) aller Wahrscheinlichkeit nach wieder positiv auf die Motivation und das Arbeitsverhalten der Schüler auswirken. Für die Partnerarbeit werden Bilder ausgeteilt, die lautorientiertes Wortmaterial abbilden. Mit diesem Bild- bzw. Wortmaterial können die Kinder gemeinsam mit einem Partner nach einem bekannten Trainingsplan Laute analysieren und sich selbst kontrollieren. Zusätzliche große Trainingsschilder an der Tafel verdeutlichen den Schülern die einzelnen Arbeitsschritte. Die Lehrerin sollte hierbei die Rolle der Beobachterin einnehmen.

Abschließend erscheint – wie fast am Ende jeder Förderstunde – die Oberhexe (Figur des Tafeltheaters) und überprüft, ob die kleine Hexe und die Kinder die Rabensprache schon richtig können. Dazu teilt sie einen Tinto-Arbeitsbogen (URBANEK 2006, 20) zum Silbenklatschen und Silbenbögenmalen aus. Die Kinder geben sich bei der Bearbeitung ihres Blattes in Einzelarbeit große Mühe, da sie der Oberhexe zeigen wollen, wie viel sie gelernt haben. Im Anschluss werden die Arbeitsbögen durch die Hexenoma kontrolliert und mit einem Belohnungsstempel versehen. Am Ende wird – ähnlich wie das anfängliche Reimspiel – ein neues Silbenspiel als Abschlussritual eingeführt: Die Schüler ziehen jeweils eine Bildkarte aus einem Kartenspiel und klatschen und sprechen das Wort dazu. Wenn sie die Silbenanzahl erfasst haben, legen sie entsprechend viele Schokolinsen auf die Karte. Es erfolgt die gemeinsame Kontrolle, woraufhin die Schüler ihre Schokolinsen essen dürfen.

6.5 Weitere Unterstützung der Kinder durch Teamarbeit

Die Leiterin der temporären Lerngruppe befindet sich mit der Klassenlehrerin in einem engen Austausch und berät diese auch hinsichtlich der Fördermaßnahmen und Förderziele sowie methodisch-didaktischer Umsetzungen im regulären Unterricht. Die innerhalb der Lerngruppen verwendeten Förderprogramme können sukzessive in die Freiarbeit mittels „Wochenplanarbeit von Anfang an" eingebunden werden. Die „Wochenplanarbeit von Anfang an" wird – wie der Name schon sagt – vom ersten Schultag an praktiziert. Den Kindern wird erklärt, dass jeder Schultag stets mit der Bearbeitung des sogenannten Fischplans beginnt, in dem die Kinder jeweils eine Schuppe für ein absolviertes Lernangebot ausmalen dürfen (vgl. URBAN 2003, 19 ff.). Für jede bearbeitete Aufgabe eines farblich markierten Lernbereichs können sich die Schüler eine Schuppe in der entsprechenden Farbe ausmalen (rot: Lernbereich Deutsch; blau: Mathematik; gelb: pädagogisch sinnvolle Spielangebote; grün: zunächst Materialien aus den Bereichen Wahrnehmung und Feinmotorik, später Sachunterricht/ Sachthemen). Die Schuppen stehen hierbei später für den Pflichtbereich, die Flossen für den Wahlbereich. Das Wochenziel ist für jedes Kind ein möglichst bunter Fisch, damit sowohl für die Lehrkräfte als auch für die Kinder ersichtlich wird, ob alle Bereiche in etwa zu gleichen Teilen bearbeitet worden sind. Darüber hinaus erhalten die Lehrerinnen im Sinne einer ersten Lernstandserhebung mithilfe des Fischplans einen Eindruck von den Stärken und Schwächen der einzelnen Schüler und erfahren, wo sie stehen, was sie können und welche Voraussetzungen sie mitbringen. Ferner werden Schülerinteressen und -neigungen sehr schnell ersichtlich: Bei einem überwiegend blauen Fisch weiß man, dass sich der Schüler besonders für den mathematischen Bereich interessiert, wohingegen ein sehr gelber Fisch darauf hindeutet, dass für das Kind unter Umständen das Spielen noch im Vordergrund steht. Eine eventuell involvierte Sonderpädagogin kann hierbei bereits beratend und unterstützend tätig werden, indem sie sich auf erste Schülerbeobachtungen oder Lernstandsmessungen bezieht und in Teamberatungen auf Fördermöglichkeiten bzw. auf eine Passung des Unterrichts hinweisen kann.

Wie zu Beginn bereits dargelegt, darf die Förderung in temporären Lerngruppen nicht mit konventionellem Förderunterricht verwechselt werden. Temporäre Lerngruppen stellen eine Ergänzung zum regulären Unterricht dar und leisten einen Beitrag zu Individualisierung und Rhythmisierung von Schule. Sie folgen eigenen Trainingsprogrammen oder Curricula und sind dadurch zielgerichtet, effektiv und motivierend. Die Konzeption und Etablierung temporärer Lerngruppen stellen somit auch eine pädagogisch-didaktische Reaktion auf die wachsende Heterogenität bei Schulanfängern dar. Aufgrund einer eingehenden Förderdiagnostik kennt die sowohl in der temporären Lerngruppe als auch im Klassenverband tätige Förderin oder Sonderpädagogin lernschwache oder schwierige Schüler der gesamten Eingangsphase gut und ist somit in der Lage, Lehrkräfte zu unterstützen und Eltern zu beraten. Innerhalb der temporären Lerngruppen „kann das Lernniveau ermittelt und damit ‚experimentiert' werden, welche Anforderungen im Regelunterricht angemessen wären" (vgl. Kap. 1 und 3, S. 8 ff., 24 ff.). Ferner können in der ermutigenden und motivierenden Lernatmosphäre der Kleingruppe eingeschliffenes Vermeidungsverhalten sowie ungeeignete Lernstrategien zurückgedrängt werden (vgl. ebd.). Überdies kann die Sonderpädagogin bzw. Förderin auch weitere Unterstützungsmaßnahmen empfehlen bzw. in Schulhilfekonferenzen erörtern und beantragen (vgl. Abb. 6.2 Felder der Förderarbeit, Außerschulische Maßnahmen). Hierzu zählen z. B. kinderpsychiatrische oder sozialpädiatrische Überprüfungen, Ergotherapie, Logopädie oder im Anschluss an die Schuleingangssphase auch Lerntherapie oder Psychotherapie.

6.6 Zusammenfassung

Die Konstituierung temporärer Lerngruppen stellt einen wesentlichen Beitrag zur individuellen Förderung dar. Auf der Grundlage von Lernstandserhebungen erhalten die Kinder in kleinen Gruppen eine zielgerichtete Förderung. Der Lernprozess wird dokumentiert, die Lernschritte in einem individuellen Lernplan beschrieben und der zeitliche Umfang eingeschätzt. Das Konzept der temporären Lerngruppen lässt sich durch förderdiagnostisches Vorgehen sinnvoll in einen assessmentorientierten Unterricht integrieren. Die Verwendung eines praktikablen Diagnose- und Förderinstruments hinsichtlich der Bereiche Deutsch, Mathematik, psychosoziale Situation und basale Kompetenzen würde sich als sinnvoll erweisen. Die Implementierung von temporären Lerngruppen wäre zudem als konzeptionelle Umgestaltung und Professionalisierung des derzeitigen – teils uneffektiven oder gar kontraproduktiven – Förderunterrichts zu sehen. Überdies stellen temporäre Lerngruppen eine notwendige Ergänzung des regulären Unterrichts dar, wobei nur offener und damit rhythmisierter Unterricht überhaupt erst die praktikable Durchführung und sinnvolle Einbindung von temporären Lerngruppen in den Schulalltag ermöglicht. Die beiden Organisationsformen zusammen – individualisierter Klassenunterricht und temporäre Lerngruppen – versprechen eine gezielte Unterstützung der Kinder mit allgemeinen Lernstörungen sowie aller Schüler mit zeitweiligem Förderbedarf, deren Anteil bei etwa einem Fünftel der Gesamtschülerschaft liegen dürfte.

Mündliche Sprachförderung im Projekt „Zaubern"

Anne Mudrack-Raeck/Gudrun Hansen

In diesem Kapitel wird ein Bereich der Förderung angesprochen, der bislang wenig Berücksichtigung findet. Es wird eine Unterrichtseinheit für die mündliche Sprachförderung vorgestellt. Sie soll als Vorlage für eine Fördereinheit zur morphosyntaktischen (grammatischen) Bewusstheit, zur „Subjekt-Verb-Kongruenz" (Beugen des Verbes) und zur Wortschatzerweiterung in einem semantischen Feld dienen.

Planung einer konkreten Unterrichtsreihe

Dabei wird Bezug genommen auf das ausführlich in Kapitel 1 und 3 (s. S. 8 ff. und 24 ff.) vorgestellte förderdiagnostische Modell. Dies schlägt sich in der Gliederung des Kapitels in den vier wichtigen Teilschritten einer gelungenen Förderung (Diagnostik, Planung, Umsetzung und Evaluation) nieder.

Der Förderinhalt lehnt sich an das bei Kindern beliebte Thema „Zaubern" an und soll eine konkrete Hilfe im Unterrichtsalltag darstellen. Ohne solche Hilfen können viele theoretisch sinnvolle und gute Konzepte, wie das der temporären Lerngruppe, an der konkreten Durchführung scheitern. Da besonders im Bereich Sprache häufig keine ausgebildeten Sprachheilpädagoginnen zur Verfügung stehen, wurde das Programm so aufbereitet, dass es auch „fachfremd", also von Grundschullehrern angewandt werden kann.

7.1 Problemstellung

Sowohl WILHELM VON HUMBOLDT als auch WYGOTSKY beschreiben Sprache als das entscheidende Instrument zur Aneignung der Welt. Seit PISA ist die Bedeutung der Sprachkompetenz in unserer Gesellschaft offensichtlich geworden. Nie zuvor stellten sich Beeinträchtigungen in der Entwicklung der Sprache als so hohe Barrieren in der emotionalen, sozialen und kognitiven Entwicklung dar. Nicht zuletzt hängt von den sprachlichen Fähigkeiten wesentlich der Schulerfolg und damit auch der berufliche Werdegang ab.

Störungen und Entwicklungsverzögerungen in der Sprachentwicklung können entscheidende Auswirkungen auf die gesamte Persönlichkeitsentwicklung eines Menschen haben. Kinder mit Sprach- und Kommunikationsstörungen bedürfen deshalb der besonderen Aufmerksamkeit und Unterstützung.

Ausgehend von diesem Wissen, wurden in den letzten Jahren in den deutschen Bundesländern die unterschiedlichsten Verfahren eingesetzt, um den Sprachstand der vier- bis sechsjährigen Kindergartenkinder zu erheben. Je nach Ergebnis der Sprachstandsfeststellung werden die Eltern verpflichtet, ihre Kinder an einem Sprachförderkurs teilnehmen zu lassen. Dadurch soll sichergestellt werden, dass die Kinder im künftigen Schulunterricht erfolgreich mitarbeiten können.

Besorgniserregend hohe Anzahl der Kinder mit Sprachförderbedarf

Trotz dieser Maßnahmen wird die Zahl der Schüler, die in der Schulanfangsphase eine besondere Sprachförderung benötigen, allgemein als besorgniserregend hoch betrachtet.

Diese Schüler lassen sich in folgende Gruppen unterteilen:
- Kinder nichtdeutscher Herkunftssprache mit noch nicht hinreichendem Zweitspracherwerb,
- Kinder mit Sprachentwicklungsrückständen durch ungenügende soziale und emotionale Förderung und Mangel an Vorbildern,
- Kinder mit diagnostiziertem sonderpädagogischen Förderbedarf „Sprache".

Bei einigen dieser Kinder, egal ob deutscher oder nichtdeutscher Herkunftssprache, wird nach nicht erfolgreichem Abschluss der Sprachförderkurse ein Feststellungsverfahren auf sonderpädagogischen Förderbedarf im Bereich „Sprache" eingeleitet. Diese Kinder werden zunehmend in der Grundschule inklusiv beschult. In den seltensten Fällen gibt es speziell ausgebildete Sonderpädagogen für diesen Förderbereich an den Grundschulen, die den Lehrern beratend zur Seite stehen oder entsprechende Förderangebote übernehmen können.

Gerade im Hinblick auf die von Deutschland unterzeichnete UN-Konvention, insbesondere der Artikel 24 über die Rechte von Menschen mit Behinderungen, der alle Vertragsstaaten zur inklusiven Beschulung verpflichtet, müssen die Schulen Strukturen und Unterrichtsmodelle schaffen, die eine zielgerichtete und kooperative Förderung in der Grundschule ermöglichen.

Der Sprachförderbedarf kann sich dabei individuell gewichtet auf nur einer oder mehreren der vier Sprachebenen zeigen:
- der phonetisch-phonologischen Ebene (Aussprache)
- der semantisch-lexikalischen Ebene (Wortschatz)
- der morphologisch-syntaktischen Ebene (Grammatik)
- der pragmatischen Ebene (Sprachhandeln)

Viele Grundschullehrer fühlen sich insbesondere mit einer gezielten Förderung von den Kindern überfordert, die Schwierigkeiten bei der altersgemäßen Verwendung grammatischer Formen haben.

Während in den letzten Jahren das Augenmerk auf dem phonetisch-phonologischen Bereich lag und für den Kindergarten und die Schule viele Fördermaterialien entwickelt wurden (vgl. KNÜSPERT 1998, SCHNEIDER 2001), fand der morphologisch-syntaktische Bereich bis jetzt wenig Beachtung. Dabei belegen Untersuchungen von MOTSCH (2004), dass gerade grammatische Störungen eine hohe Prävalenz zeigen. Bei Schuleintritt tritt diese besonders in den Vordergrund. Außerdem weist sie eine starke Persistenz auf, d. h., ohne spezielle Fördermaßnahmen tritt eine Verbesserung des Dysgrammatismus nicht ein. Zum Teil zeigen sich oberflächliche Fortschritte, spätestens beim schlechten Lesetextverständnis oder dem Formulieren eigener Texte werden die Probleme wieder sichtbar.

Problembereich Grammatische Störungen

Bei nicht ausreichenden Sprachfördermaßnahmen wurde als Folge sogar ein messbar absinkender IQ festgestellt. Häufig zeigen sich auch kompensatorische Verhaltensweisen, wie z. B. Auffälligkeiten im sozial-emotionalen Bereich bis hin zur sozialen Ausgrenzung.

Dass Kinder mit hohem Sprachförderbedarf meistens eine außerschulische Therapie in Form einer logopädischen Behandlung benötigen, versteht sich von selbst und ist als Ergänzung und Erweiterung des schulischen Angebots zu sehen.

Das vorgestellte Sprachförderprogramm, das in einer temporären Lerngruppe angeboten wird, bewegt sich in einem Zwischenbereich zwischen individueller Sprachtherapie und einer unspezifischen Sprachförderung im allgemeinen Klassenunterricht. Dem sprachlerngestörten Kind soll ein motivierendes, emotional positiv besetztes Angebot unterbreitet werden, damit es selbstständig grammatische Regeln entdecken kann, seinen Wortschatz erweitert und seine auditive Aufmerksamkeit und Merkfähigkeit verbessert.

7.2 Diagnostik der Lernausgangslage

Um die Lernausgangslage der Schulanfänger zu erfassen, wenden die verschiedenen Bundesländer unterschiedliche Verfahren an. Grundsätzlich muss dabei erneut der Sprachstand jedes Kindes festgestellt und dokumentiert werden.

Da das Fundament des Schriftspracherwerbs die mündliche Sprache ist, sollte bei all denjenigen Kindern, die aus unterschiedlichen Gründen in den ersten Schulwochen ihr sprachliches Können nicht zeigen oder nicht darüber verfügen, eine Aufgabe im Rahmen der Feststellung der Lernausgangslage angeboten werden, die den Lehrern die Möglichkeit bietet, genauere Informationen über die mündliche Sprachfähigkeit einzelner Kinder zu bekommen.

Geeignet ist z. B. die Aufgabe „Zu einer Bildergeschichte erzählen". Im gezeigten Beispiel (Abb. 7.1) fehlt das letzte Bild, damit das Kind die Geschichte frei weiterentwickeln kann. Es werden alle Sprachebenen berücksichtigt, besonders der Wortschatz und die Grammatik.

Der Sprachstand wird in einer Einzelsituation erhoben, wobei die Bildergeschichte lediglich als „Eisbrecher" für einen möglichst umfangreichen Redebeitrag des Kindes dienen soll. Dem Kind soll die Möglichkeit gegeben werden, in entspannter Gesprächsatmosphäre seine sprachliche Ausdrucksfähigkeit zu zeigen. Möglich ist auch eine Darbietung von einem Wimmelbilderbuch (z. B. im Stil von ALI MIGUTSCH), um das Kind zu sprachlichen Äußerungen zu motivieren. Für die Auswertung sollte eine genaue Mitschrift erfolgen oder das Erzählte auf einen Tonträger aufgezeichnet werden.

Abbildung 7.1: Bildergeschichte (LauBe 2007, 48 f.)

Im Zweifel Entscheidung für eine Sprachförderung

Bei der Auswahl der Kinder, die z. B. in einer temporären Lerngruppe zur mündlichen Sprachförderung eine besondere Unterstützung erfahren, sollte im Zweifelsfalle die Entscheidung immer für eine Sprachförderung ausfallen. Es darf kein Kind, das der Unterstützung bedarf, übersehen werden.

Die Grenze zwischen sonderpädagogischem Sprachförderbedarf, einer allgemeinen Sprachförderung und einem Zusatzangebot „Deutsch als Zweitsprache" ist fließend.
Im Folgenden wird die beispielhafte Auswertung von Teilen der sprachlichen Äußerung eines Kindes zur Bildergeschichte (Abb. 7.1) anhand der Sprachprofilanalyse nach GRIESSHABER (2002) dargestellt. Diese Methode untersucht die Satzbildung und dabei besonders die Stellung des gebeugten Verbs. Darüber lässt sich der aktuelle Sprachstand, besonders auch von Kindern, die Deutsch als Zweitsprache lernen, feststellen.
„Der aktuelle Sprachstand zeigt sich nicht primär im Umfang des Wortschatzes, sondern in der Satzbildung. Dabei nimmt das Verb im Deutschen verschiedene Stellungen und Formen an, deren aktiver Gebrauch in Stufen aufeinander aufbauend erworben wird. Daher lässt sich an diesem Merkmal eine erreichte Sprachentwicklung gut ablesen. Gleichzeitig bedingt die jeweilige Stufe einen entsprechenden Wortschatz." (vgl. LauBe 2007, 35)

Alina, 6; 4 Jahre, 1. Klasse
„Ein Mädchen, ein Junge und ein Schank und ein Topf." (Stufe 0)
„Die Kinder will Bonbons habe." (Stufe 2)
„Der Schrank ist hoch." (Stufe 1)
„Den Mädchen klettern auf die Junge." (Stufe 1)
„mit den Leiter" (Stufe 0)
„Sie machen" (Mimik und Gestik als Hilfe Stufe 0 und 1)
„Der Junge hat sie hier hoch genommen und dann die Bonbons mit den Mädchen (Gestik)." (Stufe 2 und 0)
„Weil sie kein lange Arme hat". (Stufe 1 oder unfertiger Nebensatz Stufe 4)
„Das die Bonbons runterfällt." (Stufe 1)
„Dann fällt die Bonbons runter und den Mädchen und der Junge." (Stufe 2 und 3)

Abbildung 7.2: Alinas Sätze zur Bildergeschichte

Auswertung der Bildergeschichte
Die Sätze/satzartigen Äußerungen des Kindes werden in der Tabelle mit einem Strich der jeweiligen Stufe zugeordnet. Dabei wird nur die Stellung des gebeugten Verbs beachtet. Die Satzstufe mit den meisten Zuordnungen wird gewertet als diejenige, die bereits sicher beherrscht wird.

	Stufe 0	Stufe 1	Stufe 2	Stufe 3	Stufe 4
	Bruchstücke; Äußerungen ohne gebeugtes Verb	Einfache Hauptsätze Verb an 2. Stelle nach dem Subjekt; gebeugt	mehrteiliges Prädikat – wollen, können, dürfen – Perfekt – getrennte Vorsilbe	Inversion* gebeugtes Verb vor dem Subjekt	Nebensätze mit Konjunktionen weil, wenn, dass...
	– der machen so... – da Bonbons – da Bruder – Mimik & Gestik als Hilfe	– Die Bonbons stehen auf dem Schrank. – Die Mädchen sitzt (setzt) auf sein(em) Rücken. – Das Glas ist kaputt.	– Die wollen Bonbons essen. – Sie sitzen auf seinen Rücken geklettert. – Sie fällt gleich runter.	– Hier stehen Bonbons auf dem Schrank. – Gleich fällt die ... – Dann hilft der Junge ... – Da wackeln die.	– Die Mutter will nicht, dass die naschen. – Weil das Glas kaputt ist, schimpft sie.
Namen der Kinder:					
Alina	IIII	++++ (falsch gebeugt)	III (falsch gebeugt)	(I)	(I)

Abbildung 7.3: Auswertung von Alinas Sätzen zur Bildergeschichte

Die Auswertung (Abb. 7.3) macht deutlich, dass sich Alinas Sätze und satzartige Äußerungen schwerpunktmäßig den Stufen 0 und 1 zuordnen lassen. Zudem fällt auf, dass auch auf den Stufen 1 und 2 das Verb zwar die richtige Stellung einnimmt (Syntax), aber häufig fehlerhaft gebeugt wird (Morphologie). Eine Teilnahme an der temporären Lerngruppe mit dem Schwerpunkt mündliche Sprachförderung/morphosyntaktische Bewusstheit ist dringend erforderlich.

7.3 Planung der Ziele und Grundlagen des Förderprogramms

Diese Fördereinheit ist von einem ganzheitlichen Ansatz geprägt. Die folgenden Ziele sind deshalb zu trennen in Entwicklungsziele, die nicht unmittelbar nach Abschluss der Einheit abprüfbar sind, und in konkrete, evaluierbare Förderziele.

Entwicklungsziele
Die Entwicklungsziele beinhalten
- die Kompensation von Sprachentwicklungsrückständen,
- die Förderung der auditiven Aufmerksamkeit und Merkfähigkeit sowie die Förderung der phonologischen Bewusstheit,
- die Begriffsdifferenzierung und Wortschatzerweiterung im Bereich der Handlungsverben,
- die Förderung des Selbstbewusstseins.

Die Kompensation von Sprachentwicklungsrückständen
Die Beherrschung der deutschen Sprache ist ein wichtiger Faktor für den Schulerfolg in allen Fächern. Studien haben jedoch gezeigt, dass nicht nur Kinder mit Migrationshintergrund, sondern auch rund 30 Prozent der deutschsprachigen Schüler bundesweit die deutsche Standardsprache nicht beherrschen (vgl. BRÜGELMANN/BRINKMANN 2006, 30). Dabei erschweren sowohl Dialekt als auch schichtspezifische Sprachcodes den Zugang zu den Unterrichtsinhalten. Die gezielte Auseinandersetzung mit Sprache in einem kontextbezogenen, emotional wichtigen Zusammenhang ermöglicht den Kindern, auch metasprachlich einen Zugang zur deutschen Sprache zu bekommen.

Die Arbeit an einer Sprachstruktur in einer heterogenen Gruppe macht eine differenzierte Planung notwendig. Deshalb wurde die Fördereinheit so konzipiert, dass die Schüler auf ihrer jeweiligen Entwicklungsstufe arbeiten können. Die Einheit ist in das Rahmenthema „Das Zauberbuch und die

Zauberprüfung" eingebettet. Die Struktur jeder Stunde ist gleich aufgebaut. Dies gibt den Kindern einerseits Orientierung und Sicherheit, zum anderen erhält so jedes Kind die Gelegenheit, im Verlauf der Fördereinheit individuelle Entwicklungsschritte zu vollziehen. In jeder Stunde wird die
- Perzeption (Aufnahme),
- Imitation (Nachahmung),
- Rekonstruktion (Wiederholung),
- Produktion (Herstellung)

der Zielstruktur (in diesem Fall die Subjekt-Verb-Kongruenz) angeboten.

Während einige Kinder sich bereits auf der Stufe der Produktion üben, erhalten andere Kinder weiter die Gelegenheit, mithilfe gezielter Lehrersprache (Modelliertechniken) die Zielstruktur zu imitieren und zu rekonstruieren, bis auch ihnen der Entwicklungsschritt der Produktion möglich wird. Danach sollte der Lehrer mit den Kindern in natürlichen, aber vereinfachten und besonders betonten Sprachformen reden. Äußerungen der Kinder werden dabei aufgenommen, erweitert oder implizit korrigiert. Damit wird die Äußerung als neues Modell zurückgespiegelt (vgl. BRÜGELMANN/BRINKMANN 2006, 34).

Individuelles Üben auf der jeweiligen Entwicklungsstufe

Die Modelliertechniken ermöglichen, die Zielstruktur mit erhöhter Frequenz und Prägnanz immer wieder in das Zentrum der Aufmerksamkeit des Kindes zu rücken, ohne dass der natürliche Kommunikationsverlauf unterbrochen wird.

Die Förderung der auditiven Aufmerksamkeit und Merkfähigkeit sowie der phonologischen Bewusstheit

Die auditive Merkfähigkeit beschreibt die Fähigkeit, nacheinander eintreffende akustische Informationen im Arbeitsgedächtnis zu speichern und wieder abzurufen. Es impliziert die Weiterleitung von Hörreizen, die korrekte Verarbeitungs- und Wahrnehmungsleistung auf dem Weg zum Gehirn sowie die Aufnahme, Aufarbeitung und Auswertung in den Hör- und Sprachzentren des Gehirns. Dieser komplexe Vorgang besteht also aus mehreren Teilfunktionen (vgl. BURGER-GARTNER/HEBER 2003, 7). Es handelt sich um eine Gedächtnisleistung, die auch Hör-Gedächtnis-Spanne genannt wird. Diese ist sowohl für die Sprachentwicklung als auch für den Schriftspracherwerb von fundamentaler Bedeutung. Gerade beim Aufbau grammatikalischer Strukturen spielt die Speicherfähigkeit eine große Rolle. Auch die Lese- und Rechtschreibleistungen erfordern, dass kurzfristig Laute, Lautverbindungen oder Buchstaben im Kurzzeitgedächtnis gespeichert werden, bis der Lese- oder Schreibvorgang eines Wortes beendet ist. Als besondere Schwierigkeit stellt sich dabei der fehlende Sinnbezug dar, da die Lautfolgen keine stützende Bedeutung haben, sondern diese erst im Zusammenhang wiedergegeben werden (vgl. SenBJS 2005, Phonologische Bewusstheit).

Sprache durchgliedern mit Reimen

Die Zaubersprüche und das Spiellied der Fördereinheit unterstützen im besonderen Maße die Entwicklung der auditiven Merkfähigkeit. Reim, Rhythmus und Situationsbezug geben Merkhilfen bei der Anforderung, sich Lautfolgen ohne Bedeutung zu merken und wiederzugeben. Dabei weisen die Reimwörter besonders auf die bedeutungsverändernde Funktion der Laute und Buchstaben hin. Das bewusste Wahrnehmen von Reimwörtern bietet eine Möglichkeit, Sprache zu durchgliedern und leistet somit einen wichtigen Beitrag zum Schriftspracherwerb. Reime bieten zudem die Möglichkeit, sprachliche Strukturen zu erfassen und werden von den Kindern intuitiv übernommen. Das bewusste Wahrnehmen von Reimstrukturen wird erst über deren produktiven Gebrauch erlernt (vgl. SenBJS 2005, Phonologische Bewusstheit). Das Reimen mit Kunstwörtern („Simsalarane") ermöglicht die Einbindung sehr vieler Wörter in den Reimtext. Wichtig ist zudem, dass es für Kinder mit Schwierigkeiten bei der phonologischen Bewusstheit einfacher ist, ein Reimwort am Ende eines Satzes zu ergänzen, als bei der Vorgabe einzelner Wörter ohne Kontext, da sich das gesuchte Reimwort aus dem Sprachrhythmus und dem Satzzusammenhang einfacher erschließen lässt (vgl. BURGER-GARTNER/HEBER 2003, 23).

Die Begriffsdifferenzierung und Wortschatzerweiterung im Bereich der Handlungsverben

Die Schwierigkeit, eigene Wünsche und Bedürfnisse treffend auszudrücken, führt zu einer Einschränkung der kommunikativen Fähigkeit. Die Schüler werden zum Teil schlecht verstanden und können ihr Sprachhandlungsziel nicht erreichen. Das Erleben, dass ihre kommunikativen Mittel nicht ausreichen, führt zur Frustration, die sich als aggressives oder depressives Verhalten zeigen kann.

Die Anbahnung bzw. sichere Verwendung der 1. Person Singular ist grundlegend und wird entwicklungspsychologisch als Erste verwendet. Während die 1. Person Singular den Schülern die Möglichkeit bietet, sich selbst mitzuteilen, ermöglicht die 1. Person Plural darüber hinaus, sich selbst im Zusammenhang mit anderen mitzuteilen. Des Weiteren wird durch die Kontrastierung von der 1. Person Singular und der 1. Person Plural der Zusammenhang zwischen Numerus und Person geübt.

Auf der semantisch-lexikalischen Ebene werden Handlungsverben gewählt, um den Wortschatz der Schüler auf dieser im Schulalltag relevanten Ebene zu erweitern. Die Begriffe und Wörter der verwendeten Handlungsverben aus dem Zauberbuch (schneiden, klappen, stechen usw.) müssen von den Kindern zu Wortbedeutungen gekoppelt und die Begriffe gespeichert werden, damit sie zur anschließenden Flexion sicher zur Verfügung stehen. Dazu müssen diese mit den Kindern erarbeitet und in den aktiven Wortschatz aufgenommen werden. Nach Szagun vollzieht sich der Erwerb von Wortbedeutungen über das In-Beziehung-Setzen von Begriff und Wort durch sinnliche Erfahrung. Somit können die Wortbedeutungen der Verben mit einer Handlung assoziiert werden, der Zusammenhang zwischen Handeln und Sprache wird erlebt und erfasst (vgl. Szagun, 2008, 214–220).

Wortschatzerweiterung durch Sprachhandeln

Die Förderung des Selbstbewusstseins

Das vorgestellte Konzept der mündlichen Sprachförderung ermöglicht, dass die Kinder ihre „Sondersituation" nicht negativ, sondern positiv erfahren. Die Kinder erleben nicht ihre Defizite, sondern erreichen neue Kompetenzen, vor allem das Zaubern. Über das konkrete Ziel einer Sprachförderung im morphosyntaktischen und semantisch-lexikalischen Bereich hinaus haben die Kinder in solchen Settings die Gelegenheit, Selbstvertrauen zu fassen, zum Lernen ermutigt zu werden und Rückzugs- oder Vermeidungsstrategien abzubauen (vgl. Schumacher, s. Kap. 6.1, S. 90)

Konkrete Förderziele zur morphosyntaktischen Bewusstheit sind
- Anbahnung
- Festigung
- Automatisierung

der Subjekt-Verb-Kongruenz der 1. Person Plural Präsens im Kontrast zu 1. Person Singular.

Sprachtheoretischer Hintergrund

Die Anbahnung bzw. Festigung der Subjekt-Verb-Kongruenz geschieht durch Initiieren einer Situation, die ganzheitliches Arbeiten ermöglicht und das häufige Verwenden der Zielstrukturen für die Kinder sinnvoll macht.

Die offene Anlage der Fördereinheit bietet den Kindern die Möglichkeit, je nach Sprachstand und -entwicklung auf der Stufe der Anbahnung, der Festigung oder der Automatisierung zu arbeiten.

Durch die ständige Wiederholung der sprachbegleitenden Handlung (z. B. bei den Zaubersprüchen und Zaubertricks) wird die Einheit von Wort und Handlung als sinnvoll erlebt und dadurch die Subjekt-Verb-Kongruenz bis hin zur Automatisierung geübt.

Grammatische Strukturen werden also in einem pragmakommunikativ bedeutsamen Kontext vermittelt, und somit wird die Funktion der Struktur erfahrbar gemacht. Kinder orientieren sich bei der Aneignung morphosyntaktischer Strukturen am sprachlichen Input der Erwachsenensprache und versuchen, ihre Äußerungen durch Imitation in Übereinstimmung mit den wahrgenommenen Morphemen und syntaktischen Kategorien zu bringen. Kinder müssen also das hinter der wahrnehmbaren Sprache stehende grammatikalische System rekonstruieren (vgl. HOMBURG, 2002, 115).

Vermeidung von „Pattern drills"

Diese Vorgehensweise steht im Gegensatz zu Verfahren, die die traditionelle Methode des „Pattern drills" verwenden. Hierbei werden Satzmuster eingesprochen. Diese führen jedoch in der Regel nicht zu produktiven Regeln und können deshalb nicht in das Sprachsystem assimiliert werden. Kinder mit Schwierigkeiten beim Spracherwerb benötigen also keinen anderen, „künstlichen" Zugang zur Sprache, sondern Spracherfahrungen, die mehr anbieten, als es im normalen Sprachgebrauch üblich ist (vgl. DANNENBAUER/KÜNZIG, 2002, 180).

In dieser Fördereinheit geht es um die Aneignung der gebundenen grammatischen Morpheme -e (1. Person Singular) und -en (1. Person Plural). Durch die Verdeutlichung des Kontrastes zur 1. Person Singular soll die morphosyntaktische Bewusstheit unterstützt werden. Dazu nötig ist das deutliche Erleben eines Bezuges zwischen dem agierenden Subjekt und der Verbbeugung. Sprachliches Lernen ist im hohen Maße auf Kontraste angewiesen, da nur so die Zielstruktur sich in ihren Merkmalen abheben kann. Das Wahrnehmen der kontrastiven Verb-Endungen (hier -e und -en) ermöglicht den Kindern das Erkennen der Dimensionen Numerus und Person.

7.4 Umsetzung der Fördereinheit im Projekt „Zaubern"

Die vorgestellte Fördereinheit orientiert sich an den „Zehn goldenen Regeln für die Sprachförderung" von BRÜGELMANN/BRINKMANN (2006, 34):

Die zehn goldenen Regeln für die Sprachförderung

1. Die Sprachförderung knüpft an den individuellen Erfahrungen der Kinder an. Die differenzierte Planung ermöglicht jedem Kind, an seinem jeweiligen Entwicklungsstand anzuknüpfen. Zaubern ist ein Thema, das der Lebenswelt von Grundschulkindern entspricht.

2. Sprachlernen ist mehr als der Erwerb einer Technik. Das Zauberprojekt gibt einen situativen Anlass und ein inhaltliches Ziel. Es entsteht eine echte Kommunikationssituation, die Motivation und Sprechfreude fördert.
3. Das Zauberprojekt ermöglicht neben gezielten Sprachübungen auch eine reiche Spracherfahrung („Sprachbad") durch die begleitende Geschichte. Besonders gefördert wird das sprachbegleitende Handeln, indem beim Zaubern der Zauberspruch gesprochen wird und so Sprache mit sinnlicher Erfahrung im Wahrnehmungs- und Bewegungsbereich verknüpft wird.
4. Sprachlernen ist immer auch soziales Lernen. Durch die Verbindung der Kinder untereinander in der Rahmenhandlung und das gemeinsame Tun werden persönliche Beziehungen geschaffen.
5. Der beste Anlass für echte Kommunikation ist das Interesse an inhaltlichen Erfahrungen. Innerhalb der Fördereinheit sind genug Zeit und Gelegenheit gegeben, sich dem einzelnen Kind durch konkrete, aber möglichst offene Fragen zuzuwenden und intensiv zuzuhören.
6. Funktionale Sprachsituationen haben den Vorrang vor isoliertem Sprachtraining. Durch Vorlesen der sich entwickelnden Zaubergeschichte, Erzählen und vor allem durch die gemeinsame themenbezogene Arbeit am Projekt „Zaubern" können gezielt und zugleich funktional Verstehen und Sprechen gefördert werden.
7. Gerade in offenen Situationen brauchen Kinder Strukturen und Stützen. Dies ist in der Fördereinheit durch vielfältige Dinge gegeben: sich wiederholender Aufbau der Stunden, feste Rituale wie Entspannungsübung und Verwandlung, Spiellied und Zauberspruch, Bilder- bzw. Vorlesebuch als Gesprächsanlass.
8. Inhalt geht vor Form, d.h. wichtig ist die inhaltliche Verständigung. Sprachliche Fehler werden nur indirekt (s. Modelliertechniken, S. 144) verbessert.
9. Verbale Verständigung ist nur ein Teil der Kommunikation. Die Ergänzung durch Mimik, Gestik und Körpersprache wird z. B. durch das handlungsbegleitende Sprechen beim Zaubern, als auch durch ritualisierte Bewegungen beim Spiellied in den Fokus der Aufmerksamkeit des Kindes gelegt.
10. Als zentrale methodische Prinzipien der Sprachförderung gelten Wiederholung und Variation. Durch das im Aufbau sich wiederholende, aber inhaltlich variierende Geschehen der Fördereinheit ist es einerseits möglich, dieselben Sprachmuster kontinuierlich und wiederholt zu hören, und sie andererseits in verschiedenen Kontexten häufig zu erleben. Erst dadurch wird eine sinnvolle Verwendung von Wörtern und Phrasen ermöglicht.

Methodische Überlegungen für den Ablauf einer Förderstunde im Projekt „Zaubern"

Im Folgenden soll exemplarisch der Ablauf einer Förderstunde dargestellt werden:

- Einstieg: Einführung bzw. Wiederholung des Bilderbuches (Sozialform: Sitzkreis)
- Entspannungsübung: Hinführung in die Rahmenhandlung, Verwandlung in Zauberer und Reise in verschiedene Länder (Sozialform: Sitzen auf Decken auf dem Boden)
- Singen des „Mutmachzauberliedes" (Sozialform: Sitzkreis)
- Erarbeitung I: Weiterführung der Geschichte, Erlernen des Zauberspruches (Sozialform: Sitzkreis)
- Erarbeitung II: Basteln des Zaubertricks (Sozialform: Arbeit am Tisch)
- Erarbeitung III: Üben und Vorführen des Zaubertricks mit Zauberspruch einzeln („Ich") und in der Gruppe („Wir") (Sozialform: Arbeit am Tisch oder Stuhlkreis)
- Entspannungsübung: Rückverwandlung (Sozialform: Sitzen auf Decken auf dem Boden)
- Abschlusskreis, Ausblick auf die nächste Stunde (Sozialform: Sitzkreis)

Die **Rahmenhandlung** ermöglicht den Kindern, sich mit der Zielstruktur auf kindgemäße Weise auseinanderzusetzen. Hierbei ist das Erleben eines Zusammenhanges und eines überschaubaren, subjektiv sinnvollen Kontextes bedeutsam. Die Rahmenhandlung schafft Motivation, sich mitzuteilen und macht es für die Kinder sinnvoll, zusammenzuhalten und Handlungen gemeinsam auszuführen, da nur so die Zauberprüfung bestanden werden kann. Da gemeinsame Handlungen den Gebrauch der 1. Person Plural provozieren, bleibt die Natürlichkeit der Kommunikationssituation weitgehend erhalten. Auch ist die Handlung so angelegt, dass bestimmte Basismuster und sprachliche Strukturen immer wiederkehren. Dies ist besonders wichtig, wenn man berücksichtigt, dass ein Kind ein Wort 30 bis 50 Mal gehört haben muss, um seine Bedeutung wirklich zu verstehen und in den aktiven Sprachgebrauch zu übernehmen (vgl. BRÜGELMANN/BRINKMANN 2006, 33). Ebenso weisen die Autoren auf die Wichtigkeit einer kontextgebundenen Einbindung von Sprachförderung hin.

Um in den aktiven Sprachgebrauch überzugehen, muss ein Wort 30 bis 50 Mal gehört werden

Die Rahmenhandlung, die im Zauberbuch sukzessive entwickelt wird (s. Abb. 7.9 bzw. Webcode), ermöglicht weiterhin ein für die Schüler transparentes Handlungsziel (das Bestehen der Zauberprüfung). Dies ist dabei so angelegt, dass ihre Motivation über einen längeren Zeitraum erhalten bleibt, der auch benötigt wird, um eine neue Struktur zu erlernen. Dabei hat der Erwerb von Fähigkeiten im Bereich Zaubern eine besondere Bedeutung für das Selbstbewusstsein der Schüler. Zudem wird in dieser Einheit intensiv die auditive Merkfähigkeit trainiert.

Die **Entspannungsübungen** sind als „Hin- und Rückverwandlung" bzw. als „Hin- und Rückreise" in jeder Förderstunde ritualisiert. Diese eignen sich zum einen als Ein- und Ausstieg aus der Rahmenhandlung. Zum anderen lernen die Kinder eine Möglichkeit kennen, zur Ruhe zu kommen und sich zu entspannen. Neben dem Wohlbefinden für Körper und Psyche wird hierbei die Aufmerksamkeit und Konzentration der Kinder gesteigert. Dazu legen die Kinder sich auf „Flugmatratzen" (z. B. eine Decke oder auf Kissen), schließen die Augen und hören Entspannungsmusik. Der Lehrer erzählt dazu eine kleine Phantasiegeschichte, die zu dem entsprechenden Land und zur Verwandlung hinführt bzw. am Ende wieder zurückleitet. Als sinnvoll hat sich auch erwiesen, Elemente der Progressiven Muskelentspannung nach Jacobsen einfließen zu lassen.

Das „Zauberbuch" von ANNE MUDRACK-RAECK *und* GUDRUN HANSEN *kann mit dem Webcode LT051885-004 unter www.cornelsen.de/webcodes vollständig heruntergeladen werden.*

Abbildung 7.4: Zauberbuch: Deckblatt und Einführungsgeschichte

Das **Spiellied** ist ebenfalls ein festes Ritual in jeder Förderstunde. Es hat dabei folgende Funktionen: Einstimmung auf die Rahmenhandlung, Förderung der rhythmischen und melodischen Differenzierungsfähigkeit sowie die Förderung der auditiven Durchgliederungsfähigkeit und des auditiven Sequenzgedächtnisses.

"Als Allererstes müsst ihr das Mutmach-Zauberlied lernen", sagte Rudi. Und so fassten sich die kleinen Zauberer an den Händen und Rudi brachte ihnen das Mutmach-Zauberlied bei:

1. **Ich schaffe** es nicht allein,
   Zauberer zu sein.
   Doch **wir schaffen** es gemeinsam
   und sind dann nicht mehr einsam.
2. **Ich habe** Angst im Zauberwald,
   weil es dort so gruselig hallt.
   Wir haben zusammen viel mehr Mut
   und das ist für uns alle gut.
3. **Ich gehe** nicht allein,
   das soll auch nicht so sein.
   Wir gehen gemeinsam los
   und fühlen uns ganz groß.

Abbildung 7.5: "Mutmachzauberlied"

Das **Mutmachzauberlied** (Abb. 7.5) beinhaltet dabei immanent die Zielstrukturen im Kontrast 1. Person Singular und 1. Person Plural (ich schaffe – wir schaffen; ich habe – wir haben). Diese können so rezipiert werden. Durch unterstützende Gesten (bei „ich" auf sich selbst, bei „wir" auf alle Kinder zeigen) wird die Konzentration auf diese Strukturen gelenkt.

Wir erwarten nicht, dass alle Kinder die **Zaubersprüche** auswendig lernen; sie stellen jedoch dafür eine gute Trainingsmöglichkeit dar. Wichtig ist lediglich die Formulierung bzw. Umformung in die 1. Person Singular und Plural. Diese sollen die Schüler möglichst allein verbalisieren, während der Lehrer den Rest des Zauberspruches mitsprechen kann und so eine Orientierung schafft. Durch die Reimstruktur der „Simsalabims" wird die semantische Antizipation für die Schüler erleichtert. Des Weiteren bildet das Erkennen und Bilden von Reimen eine wichtige Voraussetzung für die phonologische Bewusstheit, was wiederum Grundvoraussetzung für den erfolgreichen Schriftsprachlernprozess ist (vgl. KÜSPERT 1998).

Die **Zaubertricks** sind so ausgewählt, dass sie ohne langes Üben auch außerhalb der Schule, z. B. vor den Eltern, realisiert werden können und somit einen Beitrag zur Selbstbestätigung der Schüler leisten. Das Thema „Zaubern" ist für Kinder dieses Alters mit sehr hoher Motivation verbunden. Beim Basteln erfolgt außerdem eine Förderung der Feinmotorik. Hier besteht eine immanente Förderung für das Sprachverständnis und die Umsetzung im Handlungsbereich. Ein weiterer Aspekt bei der Auswahl war, dass für den Lehrer kein zu hoher Material- und Organisationsaufwand entsteht.

Danach reisten die kleinen Zauberer ins Raubtierland. Dort war es sehr gefährlich, und sie mussten tiefe Sümpfe, Schluchten und Berge überwinden. Eines Nachts schliefen sie in einer Höhle. Mitten in der Nacht wurden sie von einem furchtbaren Gebrüll geweckt. Als _____ vorsichtig aus der Höhle spähte, stand dort ein großer Säbelzahntiger. Zum Glück entdeckte _____ in letzter Sekunde einen unterirdischen Gang, der sie aus der Höhle führte, sonst wäre ihr Abenteuer sicherlich an dieser Stelle zu Ende gewesen. Nachdem sie sich von diesem Schreck etwas erholt hatten, brachte die Oberzauberin ihnen einen neuen Zauberspruch bei:

Simsalarand,
ich nehme den Ballon in die Hand.
Simsalabein,
ich steche hinein.
Simsalabutt,
ich mache ihn nicht kaputt.

Die kleinen Zauberer übten so lange, bis auch sie den Zauberspruch aufsagen konnten:

Simsalarand,
wir nehmen den Ballon in die Hand.
Simsalabein,
wir stechen hinein.
Simsalabutt,
wir machen ihn nicht kaputt.

Als sie den Spruch gut konnten, verriet die Oberzauberin ihnen den neuen Zaubertrick.

Die Vorbereitung

1. **Wir kleben** eine Nadel auf ein Stück Karton.

2. **Wir blasen** den Luftballon auf.

3. **Wir kleben** ein Stück Tesafilm auf den Luftballon.

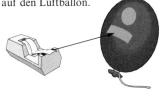

Abbildung 7.6: Rahmenhandlung – Reise in verschiedene Länder und Erleben neuer Zaubersprüche und -tricks

Abbildung 7.7: Zaubertrick – Ballon und Anleitung (Ausschnitt aus dem Zauberbuch)

Simsalarand,
ich nehme den Ballon in die _____
Simsalabein,
ich steche _____
Simsalbut,
ich mache ihn nicht _____

Abbildung 7.8: Zaubertrick – Ballon: Sprechvers (Ausschnitt aus dem Zauberbuch)

Für jedes Kind ein persönliches Zauberbuch

Das entstehende **Zauberbuch** beinhaltet zum einen die Rahmenhandlung und schlägt zum anderen den Bogen zwischen den einzelnen Stunden der Fördereinheit. In jeder Förderstunde kommen drei neue Buchseiten hinzu (Fortführung der Geschichte und Erlernen des Zauberspruches, Vorbereitung und Durchführung des Zaubertricks). Das Hervorheben der Verben und ihrer Flexionsmorpheme in der 1. Person Singular und der 1. Person Plural bieten zusätzlich eine metasprachliche Hilfe. Es entsteht also ein eigenes Bilderbuch, welches durch das gemeinsame Handeln in den Stunden nachvollzogen wird. In dem Buch wurden Leerstellen freigelassen (s. Abb. 7.9), in die die Namen der jeweiligen Kinder der Fördergruppe eingesetzt werden sollen. Das Vorkommen des eigenen Namens in der Handlung schafft eine hohe emotionale und motivationale Besetzung.

Dies kann wiederum dazu beitragen, dass die Wirkung über die Sprachförderstunden hinaus anhält und sich somit auch die Zielstruktur weiter festigt. Dies ist ein wichtiges Kriterium für wirksame Sprachtherapie. Das Buch bietet darüber hinaus einen großen Leseanreiz. Nach BRÜGELMANN ist auch das Anschauen, Lesen und Sprechen über Bilderbücher eine besonders produktive Form der Sprachförderung und schürt die auditive Aufmerksamkeit (vgl. BRÜGELMANN/ BRINKMANN 2006, 33).

7. 5 Evaluation und Lerndokumentation

Die Feststellung der Lernausgangslage und die Erhebung des Sprachstands ist eine Momentaufnahme vom Entwicklungsstand des einzelnen Kindes am Schulanfang.

Nach einer sechs- bis achtwöchigen Förderung in der temporären Lerngruppe „Morphosyntaktische Bewusstheit" ist eine Einschätzung des Erreichens der Förderziele im Prozess der Förderung notwendig. Diese Evaluation des Förderprozesses wird, wie bei der Eingangsdiagnostik, in einer Einzelsituation vorgenommen. Dem Kind wird wieder eine Bildergeschichte oder ein Bilderbuch als „Türöffner" vorgelegt, die erzählte Geschichte protokolliert oder auf einen Tonträger aufgezeichnet und anschließend wieder entsprechend den Sprachentwicklungsstufen nach der Sprachprofilanalyse von GRIESSHABER (vgl. LauBe 2007 und Anhang) ausgewertet. Im direkten Vergleich mit der Eingangsdiagnostik können nun Rückschlüsse auf den Erfolg der Förderung gezogen und die nächsten Entwicklungsschritte festgelegt werden.

Um die individuelle Lernentwicklung der Schüler mit Sprachförderbedarf weiterhin sinnvoll fördern zu können, ist aber darüber hinaus eine kontinuierliche und prozessorientierte Beobachtung der Lernentwicklung notwendig.

Dazu eignet sich besonders die Kurzfassung der Lerndokumentation Sprache in der Anlage (FörMig 2008). Sie bietet ökonomisch die Möglichkeit, die Lernausgangslage im sprachlichen Bereich, aber auch die Entwicklung im Schriftsprachbereich zu dokumentieren. Hierin sind wichtige Beobachtungsaspekte angegeben aus den Bereichen: Basale Fähigkeiten, Phonologische Bewusstheit, stündliches Sprachhandeln, Sprache und Sprachgebrauch, Schreiben, Texte verfassen, Lesen.

Ökonomische Lerndokumentation

Die Ergebnisse der Eingangsdiagnostik können in die Lerndokumentation (Abb. 7.11 bis 7.14) eingetragen werden, und anhand der Beobachtungsaspekte in den einzelnen Bereichen kann der individuelle Lernfortschritt dokumentiert werden.

Dokumentiert wird in drei Niveaustufen, die abbilden, wie selbstständig die jeweilige Anforderung vom Kind bewältigt wird.

Mithilfe dieses Instruments kann wahrgenommen werden, in welchen Bereichen ein Kind sicher ist und wo es noch Übung und Hilfe benötigt oder in welchen Bereichen es in der Entwicklung stagniert (vgl. Lerndokumentation Sprache 2005).

Darüber hinaus eignet sich diese Dokumentation in besonderer Weise für gemeinsame Lernentwicklungsgespräche mit Eltern und Schülern. Das Einbeziehen der Kinder und deren Selbsteinschätzung zu den genannten Kompetenzen sowie die Einschätzung der Eltern sind pädagogisch äußerst wertvoll.

7.6 Anlagen

Das Zauberbuch kann als Kopiervorlage (Download mit Webcode s. S. 119) direkt zur Arbeit in der temporären Lerngruppe genutzt werden. Jedes Kind erhält so ein eigenes „Zauberbuch", in das die Geschichte und die Zaubertricks sukzessive abgeheftet werden können. Da es sich als besonders motivierend erwiesen hat, wenn in diesem „Buch" die Namen der Kinder vorkommen, sind an den entsprechenden Stellen extra Leerzeilen vorgesehen, damit diese individuell von ihnen eingetragen werden können.

Die Kurzfassung des „Zauberbuchs" kann mit dem Webcode LT051885-005 unter www.cornelsen.de/webcodes heruntergeladen werden.

Für größere Gruppen kann man alternativ nur ein Zauberbuch für die Klasse anlegen und für die Hand der Kinder eine Kurzfassung anbieten. In dieser befinden sich die Zaubersprüche und -tricks sowie das Zauberlied.

Die folgenden Abbildungen enthalten zudem eine Kopiervorlage der Bildergeschichte, der Auswertungsbogen (Sprachprofilanalyse) und eine Kurzfassung der Lerndokumentation Sprache, die eine Dokumentation und Evaluation der eigenen Arbeit ermöglichen soll.

Kopiervorlage
Bildergeschichte

Senatsverwaltung für Bildung, Wissenschaft und Forschung (Hrsg.), LauBe, Berlin 2007, 48 f.

Kopiervorlage

Auswertung der Bildergeschichte

Die Sätze des Kindes sind mit einem Strich der jeweiligen Stufe zuzuordnen, dabei ist nur die Stellung des gebeugten Verbs zu beachten – die Satzstufe mit den meisten Zuordnungen deutet auf sichere Beherrschung hin.

Stufe 0	Stufe 1	Stufe 2	Stufe 3	Stufe 4
Bruchstücke; Äußerungen ohne gebeugtes Verb	Einfache Hauptsätze Verb an 2. Stelle nach dem Subjekt; gebeugt	mehrteiliges Prädikat – wollen, können, dürfen – Perfekt – getrennte Vorsilbe	Inversion* gebeugtes Verb vor dem Subjekt	Nebensätze mit Konjunktionen weil, wenn, dass...
– der machen so... – da Bonbons – da Bruder – Mimik & Gestik als Hilfe	– Die Bonbons stehen auf dem Schrank. – Die Mädchen sitzt (setzt) auf sein(em) Rücken. – Das Glas ist kaputt.	– Die wollen Bonbons essen. – Sie ist auf seinen Rücken geklettert. – Sie fällt gleich runter.	– Hier stehen Bonbons auf dem Schrank. – Gleich fällt sie hin. – Dann hilft der Junge... – Da wackeln die.	– Die Mutter will nicht, dass die naschen. – Weil das Glas kaputt ist, schimpft sie.

Namen der Kinder:

* **Inversion:** Ausschließlich stereotype Aufzählungen wie: *Da sind die Bonbons. Da ist die Junge. Da ist ...* werden nicht der Stufe 3, Inversion, zugeordnet, sondern wie einfache Hauptsätze behandelt, also Stufe 1.

Senatsverwaltung für Bildung, Wissenschaft und Forschung (Hrsg.), LauBe, Berlin 2007

Kopiervorlage
Lerndokumentation Sprache: Meilensteine

Lerndokumentation Sprache: Meilensteine

Name:

Familiensprache(n):

Dokumentationszeitraum: von _____ bis _____

Lernausgangsuntersuchung: LauBe / Sprache und weitere Entwicklung

1. Schriftkenntnisse Schreibentwicklungsstufen	0	1	2	3	4			

2. Silben klatschen LauBe Ergebnis:	0	1	2	3	4	5	6	7	8

weitere Entwicklung:
zwei- ☐☐, mehr- ☐☐ und einsilbige ☐☐ Wörter

erfüllt die Anforderung

3. Reimwörter erkennen
LauBe Ergebnis:
weitere Entwicklung:
Reimwörter aus Angebot ordnen ☐☐ ergänzen ☐☐, selbst finden ☐☐

erfüllt die Anforderung:

4. Zwillingswörter finden
LauBe Ergebnis:

5. Anlaute vergleichen
LauBe Ergebnis:
weitere Entwicklung:
Wörter mit gleichem Anlaut aus Angeboten hören ☐☐, ergänzen ☐☐
Anlaute selbstständig heraushören ☐☐

erfüllt die Anforderung:

Basale Fähigkeiten

Grobmotorik:
Ball zielgerichtet werfen ☐☐☐ Ball fangen ☐☐☐ balancieren ☐☐☐
auf einem Bein hüpfen ☐☐☐

erfüllt die Anforderungen:

Feinmotorik:
Schleife binden ☐☐☐ mit Schere eine Linie entlang schneiden ☐☐☐
Klebstoff auftragen ☐☐☐ einen Stift richtig halten ☐☐☐

erfüllt die Anforderungen:

Mundmotorik:
durch einen Trinkhalm pusten ☐☐☐ Kerze anpusten, ohne dass sie ausgeht ☐☐☐
Mund- und Zungenstellung imitieren ☐☐☐

erfüllt die Anforderungen:

Auditive Wahrnehmung:
Geräusche unterscheiden ☐☐☐ Geräuschfolge wiedergeben ☐☐☐
Richtung eines Tons hören ☐☐☐ Rhythmus nachklatschen ☐☐☐

erfüllt die Anforderungen:

Notizen: z.B. besondere Bedürfnisse, Neigungen ... zu Schulanfang

Senatsverwaltung für Bildung, Jugend und Sport, Berlin, FörMig 2008 ▶

Kopiervorlage
Lerndokumentation Sprache: Meilensteine

Mündliches Sprachhandeln

Zuhören und verstehen hört aufmerksam zu ☐☐☐ versteht das Wesentliche von Geschichten ☐☐☐ versteht Sachinformationen ☐☐☐ versteht Arbeitsaufträge ☐☐☐ fragt nach, wenn es etwas nicht verstanden hat ☐☐☐	zeigt Verstehen durch adäquates Handeln:
Wortschatz sammelt und ordnet themenbezogen Wörter ☐☐☐ kennt und verwendet Oberbegriffe ☐☐☐ erschließt sich die Bedeutung zusammengesetzter Wörter ☐☐☐	eignet sich neue Wörter an:
Sprechen, erzählen, andere informieren spricht deutlich und flüssig ☐☐☐ erzählt von eigenen Erlebnissen ☐☐☐ beteiligt sich mit eigenen Ideen und Gedanken an Gesprächen ☐☐☐ hält sich an vereinbarte Gesprächsregeln, hört zu und geht auf andere ein ☐☐☐ stellt Geschichten im Spiel dar (Rollenspiel, Theaterformen...) ☐☐☐ stellt ein Arbeitsergebnis / einen Lösungsweg folgerichtig dar ☐☐☐	kann komplexe Sachverhalte sprachlich darstellen:

Notizen: z.B. bevorzugte Themen, Situationen, Spielformen ...

Sprache und Sprachgebrauch

LauBe - Bildergeschichte *Sprachprofilanalyse / Satzbildungsstufen*	0 *Bruchstücke*	1 *Hauptsätze*	2 *Verbklammer*	3 *Inversion / Frage*	4 *Nebensätze*
weitere Entwicklung: *Wiederholung Sprachprofilanalyse*					

Sprachkonventionen kennt und verwendet gängige Sprachfloskeln / passende Sprachmittel (Begrüßung, Entschuldigung, ...) ☐☐☐ nutzt und versteht nonverbale Redemittel (Gestik, Mimik ...) ☐☐☐	kennt gebräuchliche Kommunikationsformen:
Sprache untersuchen nutzt eingeführte Symbole/Symbolfarben als Hilfe zur Wort- u. Satzbildung ☐☐☐ ordnet Wörter eingeführten Wortarten zu ☐☐☐ erkennt, ob ein Satz vollständig ist ☐☐☐ kann einen einfachen Hauptsatz erweitern ☐☐☐ unterscheidet und verwendet Zeitformen angemessen ☐☐☐ stellt Vergleiche mit Wörtern anderer Sprachen an ☐☐☐	zeigt sich sprachaufmerksam:

Notizen: z.B. Einsetzen der Erstsprache, kreative Wortschöpfungen, ...

Senatsverwaltung für Bildung, Jugend und Sport, Berlin, FörMig 2008 ▶

Kopiervorlage
Lerndokumentation Sprache: Meilensteine

Schreiben

Laut- Buchstabenzuordnung / Umgang mit einer Anlauttabelle ordnet Laute und Buchstaben zu ☐☐☐ schreibt Buchstaben gut lesbar ☐☐☐	beherrscht die Laut – Buchstaben – Zuordnung:
Schreibentwicklung bildet bei einem Wort erste Laute ab (meist Anlaute) ☐☐☐ mehrere Laute (Lautskelette) ☐☐☐ fast alle Laute eines Wortes ☐☐☐ wendet erste Rechtschreibmuster an (meist übergeneralisierend) ☐☐☐	schreibt lautgetreu:
Richtig schreiben hält Wortlücken ein ☐☐☐ schreibt wichtige Modellwörter richtig ☐☐☐ beachtet bereits Rechtschreibmuster (<en>, <st>, <ie>, <mm> ...) ☐☐☐ schreibt Satzanfang groß ☐☐☐ markiert Satzende ☐☐☐	orientiert sich an Orthografie:
Rechtschreibstrategien nutzt Abschreibtechniken ☐☐☐ Mitsprechen ☐☐☐ Wortverlängerung ☐☐☐ verwandte Wörter ☐☐☐ Wortbausteine ☐☐☐ erschließt sich Großschreibung von Nomen ☐☐☐ schlägt in Wörterliste/Wörterbuch nach ☐☐☐	nutzt Rechtschreib-strategien:

Notizen: z.B. Welche Übungsformen bevorzugt das Kind? ...

Texte verfassen

Ideen aufschreiben schreibt zu einem Bild / einem Thema ein Wort / Wörter ☐☐☐ Sätze ☐☐☐ kurze Geschichte ☐☐☐ eine folgerichtig aufgebaute Geschichte ☐☐☐ findet eigene Schreibideen ☐☐☐ hält mit Stichwörtern (auch Symbolen) Informationen / Fragen fest ☐☐☐	setzt Schreibideen angemessen um:
Texte überarbeiten nutzt Überarbeitungshilfen (Wörtersammlung, Satzanfänge ...) ☐☐☐ nutzt eine Schreibberatung mit anderen Kindern für Entwürfe / Überarbeitung ☐☐☐ gestaltet einen Text für eine Veröffentlichung übersichtlich und gut lesbar ☐☐☐	überarbeitet Texte mit Hilfe:

Notizen: z.B. Wann, wo, worüber, mit wem schreibt das Kind gerne? nutzt einen PC ...

Senatsverwaltung für Bildung, Jugend und Sport, Berlin, FörMig 2008 ▶

Kopiervorlage

Lerndokumentation Sprache: Meilensteine

Lesen

Leseinteresse hört beim Vorlesen interessiert zu ☐☐☐ nutzt freie Lesezeiten (auch Betrachten von Bilder- / Sachbüchern) ☐☐☐ wählt gezielt Bücher aus ☐☐☐ liest selbst gewählte Bücher / Texte mit Ausdauer ☐☐☐	zeigt Interesse am Lesen:
Leseentwicklung orientiert sich an Symbolen und Piktogrammen ☐☐☐ liest Wörter ☐☐☐ Sätze ☐☐☐ Texte ☐☐☐ sinnerschließend; liest geübte Texte betont und mit sinnvollen Pausen vor ☐☐☐	beherrscht die Lesetechnik:
Lesestrategien bezieht den Kontext mit ein ☐☐☐ stellt Vermutungen zum Fortgang der Handlung an ☐☐☐ erkennt häufig vorkommende Wörter auf einen Blick ☐☐☐ bemerkt Verständnisschwierigkeiten und kann sie lösen ☐☐☐ (z.B. durch Gliederung längerer Wörter in Silben; Überprüfen des vermeintlich Richtigen; …)	nutzt Lesestrategien:
Umgang mit Texten beantwortet Fragen zu einfachen Texten (z.B. Geschichten) ☐☐☐ erschließt Informationen aus einfachen Sachtexten ☐☐☐ äußert Gedanken / Meinungen zum Text ☐☐☐	erschließt wesentliche Inhalte aus Texten:

Notizen: z.B. Welche Inhalte, Textsorten, Übungssituationen bevorzugt das Kind? Lesen in der Familiensprache? …

Notizen: (z.B. Teilnahme an temp.Lerngruppe(n), AGs, DaZ-Kursen …)

_____

_____

_____

_____

_____

Senatsverwaltung für Bildung, Jugend und Sport, Berlin, FörMig 2008

Anhang: Förderdiagnostische Kriterien

Gerald Matthes

Die individuelle Lernförderung richtet sich auf inhaltliche Kompetenzen (Lesen, Zahlbegriff usw.) und auf prozessbezogene Kompetenzen (Lernstrategien, Motivation, Handlungsregulation, Wahrnehmungskomponenten usw.). Die „Förderdiagnostischen Kriterien" dienen der Bestimmung entsprechender Förderziele, indem sie die Orientierung über die Lernausgangslage erleichtern. Die knappe, übersichtliche Form kommt der kooperativen Beratung entgegen. Wenn die Beratenden z. B. die „Lern- und Leistungsmotivation" thematisieren möchten, können sie die entsprechende Seite der Kriterien zur Hand nehmen und sich zu Aussagen anregen lassen, die ihnen aufgrund ihrer bisherigen Beobachtungen möglich sind und die sie in eigene Worte kleiden. Ein vollständiges „Abarbeiten" aller Gesichtspunkte wäre nicht produktiv. Die Übersichten sind als Stichwortsammlungen zu betrachten, die es gestatten, konkrete Bezüge zu den Rahmenlehrplänen auszuweisen.

Die förderdiagnostischen Kriterien können mit dem Webcode LT051885-009 unter www.cornelsen.de/webcodes vollständig heruntergeladen werden.

Die Kriterien gliedern sich nach den Voraussetzungen erfolgreichen Lernens (s. Kap. 1, Abb. 1.2, S. 11): Zum bereichsspezifischen Wissen gehören: „1 Weltwissen und praktische Kompetenzen", „2 Lesen und Schreiben" und „3 Mathematik", zu den Basiskompetenzen „4 Motorik", „5 Wahrnehmung", „6 Sprache", „7 Denken" und „8 Sozialkompetenz", zur Motivation „9 Lern- und Leistungsmotivation" und „10 Selbstbild und Selbstwerterleben", zur Handlungssteuerung „11 Selbstkontrolle des Verhaltens" sowie „12 Lern- und Arbeitsverhalten, Konzentration und Handlungsausführung".

Hinweis: Die „Förderdiagnostischen Kriterien" erschienen im Anhang des Buches „Individuelle Lernförderung bei Lernstörungen" (MATTHES 2009). Sie werden hier mit freundlicher Genehmigung des Kohlhammer-Verlags in gekürzter Form übernommen.

Weltwissen und praktische Kompetenzen

Folgende Aspekte des Allgemeinwissens und der praktische Kompetenzen werden in der Langfassung der Kriterien (MATTHES 2009, 221–223) angesprochen: Farben und Formen – Zeit – Orientierung im Raum / in der Schule / in Institutionen – Menschen / Gesellschaft – Natur – Eigener

Körper / Ich / Selbstbedienung – Technik – Computer und Werkzeuggebrauch – Straßenverkehr

Lesen und Schreiben

Die Kriterien gehen von den Stufen des Schriftspracherwerbs aus und folgen dann den strukturellen Komponenten des Schriftspracherwerbs von grundlegenden kognitiven und sprachlichen Kompetenzen bis zum Leseverständnis und grammatischen Wissen.

- **Stufen des Schriftspracherwerbs** (Frith, 1985; Scheerer-Neumann, 2002)
  - **Logographemische Phase:** Die Kinder identifizieren Wörter aufgrund graphemischer Merkmale, die ihnen besonders auffallen. Die Wörter werden nicht auf dem Weg der Zuordnung einzelner Laute zu Buchstaben erkannt, sondern durch den globalen visuellen Eindruck. Am Ende des Kindergartens und zum Schulbeginn imitieren viele Kinder das Schreiben oder reihen zufällig figürlich bekannte Buchstaben aneinander. Die meisten Kinder können ihren Namen in Druckbuchstaben schreiben. Sie haben ihn als „Merkwort" erworben, d. h., sie kennen die Buchstaben auswendig ohne Bezug zu den Phonemen der gesprochenen Sprache.
  - **Alphabetische Phase:** Die Grundlage des Erlesens von Wörtern besteht in der Kenntnis von Buchstaben und ihrer Zuordnung zu Lauten. Das Kind erwirbt eine phonemorientierte Strategie, sowohl im Lesen als auch im Schreiben. In der ersten Zeit führt das zur konsonantischen Skelettschreibung (z. B. „Hnt" für „Hund"). Schrittweise vervollständigen sich die Schreibungen, bis hin zur Bewältigung von Konsonantenhäufungen und vollständigen Beherrschung der Graphem-Phonem- Zuordnung.
  - **Orthographische Phase:** Das phonologische Rekodieren aufgrund der Graphem-Phonem-Verbindung wird nun als eine Strategie neben anderen eingeordnet. Vorwiegend werden die Wörter direkt erkannt und dafür orthographische und morphematische Strukturen und Bausteine herangezogen, z. B. Dehnungs-h, ie, v.

- **Grundlegende kognitive und sprachliche Kompetenzen**
  - **Elementares Wissen über die Schriftsprache** (Wissen, wozu man Lesen gebrauchen kann. An welcher Stelle beginnt man zu lesen? Die Schreibrichtung zeigen können. Im Buch zeigen können, was ein Buchstabe und was ein Wort ist)

- **Sprachliche Merkspanne** (Ich spreche dir jetzt Worte vor. Du sollst sie dann nachsprechen.
  1. Schere – Papier – Flugzeug 2. Wohnzimmer – Fenster – Tür – Licht)
- **Sprachverstehen** (Verstehen von Mitteilungen, Verstehen von Anweisungen)
- **Anwenden grammatischer Regeln** (Verinnerlichung grammatischer Formen: Vervollständige: Eine Rose – viele …; Der Strauch ist hoch. Aber der Baum ist …)
- **Bilden von Sätzen** (Ich sage dir drei Wörter. Bilde einen Satz! …)

■ **Artikulatorische und akustisch-phonematische Gliederung**
- **Artikulatorische Differenzierung** (lässt sich unter anderem durch Nachsprechproben erfassen)
- **Akustische Durchgliederung** (Klingt in dem Wort … ein „o" …? Was hörst du bei „…" am Anfang? Lautierübungen, Wortaufbau und Wortabbau mit dem Lesekrokodil, Legen der Lautfolge mit Plättchen, lautierte Wörter erkennen)
- **Trennscharfes Erkennen ähnlich klingender Laute** (akustische Differenzierung) (Unterscheiden klangähnlicher Wörter und Lautanalysen einiger Wörter, zu denen Bilder gezeigt werden, z. B. Nagel, Lampe, Beil, Flasche, Zug, Gabel, Kamel. „Das ist ein Nagel. Hörst du am Anfang ein ‚n' oder ein ‚m'?", „Das ist eine Lampe. Hörst du in der Mitte ein ‚n' oder ein ‚m'?")
- **Rhythmische und Silbengliederung** (Silbentanzen, Silbenklatschen, Silbengehen …; Roboterspiel: Die Schüler sollen abgehackt wie ein Roboter sprechen: KRO-KO-DIL, EI-SEN-BAHN, BA-NA-NE)

■ **Synthetisieren von Wörtern aus Lauten**
- **Erkennen von Wörtern bei gedehnter Sprechweise** (ge:lb, Ro:le:r, Zu:ke:r)
- **Synthetisieren von Worten aus gesprochenen Lauten** (l – o – s)

■ **Schreibmotorik, Links-Rechts-Orientierung**
- **Sitzhaltung beim Schreiben**
- **Handhaltung**
- **Körperkontrolle**
- **Raumlagesicherheit**
- **Feinmotorische Steuerung**

- **Optische Differenzierung, Erkennen von Buchstaben**
- Nachzeichnen von gezeigten Zeichen (Nachzeichnen einer Bildvorlage, z. B. Γ – ∀ – Π – ⊃ oder einer Punktzeichnung. Beachtet der Schüler die Richtung, die Größenverhältnisse u. a.?)
- Wiedergeben von gezeigten Zeichen aus dem Gedächtnis (Beachtet der Schüler die Richtung, die Größenverhältnisse u. a.?)

- **Laut-Buchstabe-Zuordnung**
- Buchstabendiktat
- Kenntnis von Groß- und Kleinbuchstaben
- Einfache lautgetreue Wörter schreiben können

- **Regeln anwenden**
- Beim Rechtschreiben einfache Ableitungen und Analogiebildungen nutzen (Jeweils ein Teil des Paares steht bereits da: ein Apfel – viele …; viele Schränke – ein …; eine Maus – viele …; viele Gänse – eine …, ein Rad – viele …, viele Kälber – ein …)
- Einfache Regeln der Großschreibung (Satzanfang, Nomen)

- **Teilprozesse der Lesefertigkeit**
- Speicherung, d. h. simultanes Erfassen häufiger Wörter (Welche Wörter können beim Lesen aus der festen Speicherung abgerufen werden? Welche Wortstämme erfasst der Schüler simultan? Welche Silben erfasst er simultan?)
- Synthetisierendes Erlesen unbekannter Wörter (Zusammenschleifen der Laute, z. B. bei Wörtern aus einer „Indianersprache": Mar, kuto, rit, zaleno, ewebur)
- Analyse von Wörtern, d. h. Meisterung der Schwierigkeiten von Wörtern durch Analyse (Erlesen von ungefestigten Wörtern mit Mitlauthäufung, die auf Wortkärtchen vorgegeben werden, z. B. Kraft, Ernte, erst, fremd, Förster, Schulter, strampeln, Medizin, anstrengen, abpflücken)
- Segmentieren, d. h. Meisterung der Schwierigkeiten von Wörtern durch Aufteilen in Segmente (Wortkärtchen: ausgelacht – Seebär – Vogeleier – beleidigen – Wagenrad – Eisenbahn – Haustürschlüssel – Bananeneis)

- **Abschreiben und Diktat**
- Strategie beim Abschreiben von Wörtern
- Abschreiben von Wörtern aus dem Gedächtnis (Einprägen – Schreiben)

- **Wortdiktate unterschiedlicher Schwierigkeitsgrade**
- ■ **Schreiben in Sinnzusammenhängen**
- **Formulieren und Schreiben von Unterschriften zu einer Bildvorlage**
- **Aufforderungen aufschreiben**
- **Mitteilungen über Erlebnisse**
- **Eigenschreibungen zu Überschriften** („Beinahe ein Unglück!", „Da habe ich mich gefreut!", „So ein Ärger!")
- **Schreiben als Gebrauchsform** (Briefe und Notizen schreiben, Arbeitsblätter beschriften, Tages- und Wochenpläne schreiben)

■ **Die Bedeutung erfassendes Lesen**
- **Wort-Bild-Beziehung herstellen** (Welches Wort passt zu dem Bild?)
- **Bild-Satz- und Bild-Text-Beziehung herstellen** (Welcher Satz passt zu dem Bild?)
- **Inhaltliche Erfassung eines Satzes oder Textes ohne Bild** (Fragen beantworten)
- **Texte werten** (Was gefällt dir an dieser Geschichte? Weshalb?)
- **Ausdrucksvolles Lesen**

■ **Sprache untersuchen**
- **Nomen bzw. Substantive: Großschreibung, Unterscheidung von Mehrzahl und Einzahl, Unterscheidung nach Geschlecht, Zuordnen der Artikel**
- **Verben: Erkennen, Kleinschreibung**
- **Adjektive: Erkennen, sinnvoll verwenden**
- **Pronomen: Erkennen und schrittweise als Stellvertreter des Substantivs verwenden**
- **Sätze erkennen** (Großschreibung am Anfang, Satzschlusszeichen)

Mathematik

Der Erwerb mathematischer Kompetenzen konnte entwicklungspsychologisch noch nicht so übersichtlich erklärt werden, wie das Erlernen der Schriftsprache. Jedoch gibt es eine Reihe von Arbeiten, die die Teilfertigkeiten des Rechnens und fertigkeitsspezifische Voraussetzungen erkennen lassen (s. hierzu FRITZ/RICKEN, 2008). Die förderdiagnostischen Kriterien orientieren sich am Aufbau der Teilfertigkeiten des Rechnens und ihrer Voraussetzungen. Zuerst werden einige grundlegende kognitive Kompetenzen und das Zahlen- und Mengenvorwissen betrachtet, um anschließend auf einzelne Rechenoperationen (zuerst Addition und

Subtraktion, später Multiplikation und Division) und immer größer werdende Zahlenräume eingehen zu können. Sachrechnen, Geometrie und die Arbeit mit Größen kommen als Querschnittsaspekte hinzu.

■ **Vorbedingungen (Auswahl)**
- **Richtungsstabilität, Rechts-Links-Sicherheit** (Hebe die rechte Hand! Stelle den linken Fuß vor! „Die Puppe sitzt links vom …" Aus unterschiedlichen Perspektiven bestimmen, was rechts, links, vorn, hinten … steht.)
- **Gedächtnis für Abfolgen** (sequentielles Gedächtnis) (ca. 3 bis 6 Bildkärtchen in einer bestimmten Reihenfolge hinlegen. Der Schüler soll sich die Reihe ansehen und sie nach dem Abdecken genauso legen.)
- **Bezeichnen einfacher Figuren, Reproduktion aus dem Gedächtnis**
- **Sensorische Integration** (Einige Gegenstände unter einem Tuch erfühlen lassen, z. B. Bleistift, kleines Spielzeugauto, kurzes und langes Stäbchen, Würfel, Geldstück, Filzstift, Taschentuch, Holz-Osterei, Schlüssel; nach dem Abdecken darüber sprechen, schließlich erneut verdecken und erinnern lassen).
- **Sortieren / Ordnen** (Material: Plättchen, die sich in der Form, Größe und Farbe unterscheiden. Formen: Dreieck, Kreis, Quadrat; Größenabstufungen: klein, mittel, groß; Farben: rot, blau, gelb)
- **Bilden und Fortsetzen von Reihen**
  (z. B. ○ ○ ○ □ ▷ ○ ○ ○ □ ▷ …)
- **Klassifizieren und Unterscheiden** (Was gehört nicht dazu?)

■ **Zahlenvorwissen und Zählen**
- **Reihenbildung und Strategie des Zählens** (Sagt der Schüler die Zahlenfolge unreflektiert wie ein Gedicht auf, ohne im eigentlichen Sinne sinnvoll zu zählen?)
- **Strategie beim Ermitteln der Menge** (nur mit den Augen, flüsternd, laut, die Objekte antippend, bei jeder genannten Zahl das Objekt beiseitestellend? Zählrichtung? Wird beim Zählvorgang jedes Element genau einmal erfasst? Ist dem Schüler klar, dass es für das Ergebnis letztlich unerheblich ist, in welcher konkreten Reihenfolge die einzelnen Elemente gezählt werden?)
- **Verständnis des kardinalen Zahlensystems** (Die Zahl 4 kennzeichnet eine Vierermenge.)
- **Seriation (d. h. +1 bzw. −1) auf handelnder Ebene** (Das sind 7 Plättchen. Wir legen eins dazu. Wie viele sind es nun?)

- **Seriation vorstellungsgestützt** (Das sind 5 Plättchen. Wenn wir eins wegnehmen, wie viele liegen dann noch da?)
- **Seriation, wenn nur die Zahlen angegeben werden** (Was ist um eins mehr als 8? Was ist um eins weniger als 6?)
- **Rückwärts zählen**
- **Lesen und Schreiben von Zahlen bis 20**

■ **Mengenvorwissen und Mengenverständnis**
- **Verständnis der Mengenkonstanz**
- **Simultane Erfassung von Mengen bei regelmäßiger Anordnung** (Welche Mengen werden z. B. anhand von Würfelbildern simultan erfasst?)
- **Strategie des Vergleichens bei anschaulichen Mengendarstellungen** (Wie geht der Schüler beim Mengenvergleich vor, z. B. dem optischen Eindruck folgend, zählend, Element zu Element zuordnend, in Sprüngen zählend u. a.?)
- **Kenntnis der Begriffe und Symbole „mehr", „weniger" und „gleich viel"**
- **Mengen schätzen** (Nicht zählen! Beispiele: Wie viele Schritte brauchst du bis zu mir? Wie viele Tische stehen ungefähr in diesem Raum?)
- **Erkennen von Mengenunterschieden bei elementaren Anforderungen** (Wie viele Bonbons habe ich mehr als Katrin?)
- **Zerlegen (Aufteilen) kleiner Mengen anschauungsgebunden / mit Zahlen verbunden** (z. B. $7 = 4 + 3$; $7 = 6 + 1$; $7 = ? + 2$)
- **Verstehen der Ordinalzahlen** (Zeige das fünfte Stäbchen!)

■ **Addieren und Subtrahieren im Zahlenraum bis 20**
- **Verständnis der Rechenzeichen plus und minus**
- **Rechnen im Zahlenbereich 1 bis 6 mit Rechenplättchen o. Ä.**
- **dasselbe ohne Anschauung**
- **Rechnen im Zahlenbereich bis 9 mit Rechenplättchen o. Ä.**
- **dasselbe ohne Anschauung**
- **Rechnen bei Überschreiten des ersten Zehners mit Rechenplättchen o. Ä.**
- **dasselbe ohne Anschauung**
- **Rechnen im Zahlenbereich bis 20 ohne Anschauung**
- **Operationen von der 20 ausgehend rückwärts und vorwärts**
- **Umgang mit der Null** ($6 + 0$; $6 - 0$; $0 + 3$; $4 - 4$)
- **Verständnis des Kommutativgesetzes** (Beispielaufgaben: $3 + 14$; $2 + 11$)

- Rechnet der Schüler innerlich zählend, heimlich oder offen mit den Fingern?

- ■ Einsichten in das Positionssystem, Lesen und Schreiben von Zahlen bis 100, Vorgänger und Nachfolger, Vergleichen
- Lesen und Schreiben von Zahlen bis 100
- Vorgänger und Nachfolger ohne Anschauung bestimmen (außer vom vollen Zehner)
- Vorgänger und Nachfolger des vollen Zehners
- Ordnen von drei Zahlen (Zahlenkärtchen verwenden)
- Geschriebene Zahlen mit Zehnerstäben oder bündeln und Einern legen lassen
- Zu geschriebenen Zahlen die Zehner und Einer angeben lassen
- Zahlen in eine Stellentafel eintragen
- Zählen in Zehnerschritten (z. B. 10 – 20 – 30 …; 34 – 44 – 54 …)
- Arbeit mit dem Hunderterblatt (In das Hunderterblatt sind einige Zahlen bereits eingetragen. Was sind die Nachbarn? Welche Zahl befindet sich unter der 47? u. a. m.)
- Zehnerbündelung (Zwei Zehnerstangen und drei Einerwürfel werden hingelegt. Wie viele liegen da? Zwei weitere Stangen werden dazu gelegt. Wie viele sind es jetzt?)
- Mengenvergleiche mit Ziffernkarten (Setze die Zeichen >, <, = ein!)
- Nachbar-Zehner bestimmen (Nachbar-Zehner von 56 mit und ohne Arbeitsmittel bestimmen)

- ■ Addition und Subtraktion im Zahlenraum bis 100
- Vorgegebene Aufgaben anschaulich-handelnd darstellen (24 – 3; 24 – 5)
- Analogien beim Übertragen von Grundaufgaben auf andere Zehner erkennen und nutzen (3 + 6 / 13 + 6)
- Analogien beim Übertragen von Grundaufgaben auf das Rechnen mit Zehnern erkennen und nutzen (40 + 20; 70 – 30)
- Ergänzen zum vollen Zehner (68 + … = 70)
- ZE + E ohne Überschreiten mit effektiver Rechenstrategie, nicht bloß Zählen oder Fingerrechnen (35 + 4)
- ZE + E mit Überschreiten mit effektiver Rechenstrategie (35 + 7)
- ZE – E ohne Überschreiten mit effektiver Rechenstrategie, nicht bloß Zählen oder Fingerrechnen (35 – 4)
- Z – E; Subtraktion vom vollen Zehner (70 – 6)

- ZE – E mit Überschreiten, Rechenrichtung ist stabil, d. h., Schüler kippt nicht in andere Richtung (35 – 6)
- ZE + ZE ohne Überschreiten mit effektiver Rechenstrategie (53 + 25)
- ZE + ZE mit Überschreiten mit effektiver Rechenstrategie (57 + 18)
- ZE – ZE ohne Überschreiten mit effektiver Rechenstrategie (97 – 26)
- ZE – ZE mit Überschreiten mit effektiver Rechenstrategie (97 – 29)

■ Multiplikation und Division
- Lösung mithilfe der Addition ($3 \cdot 2 = 2 + 2 + 2$)
- Begriffe „Verdoppeln" und „Halbieren"
- Gerade und ungerade Zahlen
- Verständnis der Zeichen „·" und „:"
- Zählen in Zweier-, Dreier-, Fünfer- und Zehnerschritten
- Zum Einmaleins gehörende Zahlenfolgen
- Kommutativität der Multiplikation
- Vorgegebene Aufgabe der Division anschaulich bzw. als Handlung darstellen (15 : 3)

■ Sachrechnen und Rechnen mit Münzen
- **Sachrechnen auf dem einfachen Niveau der Addition** (Paul hat 14 CDs. Er bekam noch 4 geschenkt.)
- **Sachrechnen auf dem einfachen Niveau der Subtraktion** (Im Regal standen 18 Bücher. 4 Bücher wurden herausgenommen.)
- **Sachrechnen auf einem komplexeren Niveau der Subtraktion** (Paul hat 14 CDs und Sigi hat 5 CDs weniger. Wie viele CDs hat Sigi? Wer hat mehr und wie viel mehr?)
- **Sachrechnen auf einem komplexeren Niveau des Ergänzens** (Paul und Marie haben zusammen 24 Poster. Marie gehören davon 16. Wie viele hat Paul?)
- **Rechnen mit Münzen / Einkaufen**

■ Geometrie und Arbeit mit Größen
- Erfassen und Benennen von Quadrat, Rechteck, Dreieck; Kugel, Zylinder
- Zeichnen und Messen von Strecken, Einheiten „cm" und „m"

Motorik

Zu einem strukturierten Gesamteindruck über das motorische Verhalten des Schülers bei Bewegungshandlungen gehören der grob- und der feinmotorische Bereich, die Bilateralintegration und das Körperschema.

Ursachen für motorische Schwierigkeiten (z. B. beim Schreiben) müssen nicht im motorischen Bereich liegen.

■ **Grobmotorik**
- **Auge-Hand-Koordination** (z. B. an der Wandtafel) und Auge-Fuß-Koordination
- **Fähigkeiten und allgemeine Geschicklichkeit** (Stehen, Gehen, Hindernisse überwinden, Treppen steigen, rückwärtsgehen, hüpfen, Schlusssprung, auf einem Bein stehen, Ball werfen und fangen)
- **Bewegungsrhythmik** (Bewegungen sind zeitlich abgestimmt, sie wirken nicht verkrampft oder verspannt)
- **Bewegungsfluss** (Übergänge einzelner Bewegungsphasen sind weich, flüssig und ohne erkennbare Unterbrechung, d.h., sie sind nicht eckig, abgehackt, ruckartig, steif, unelastisch)
- **Bewegungsdynamik** (Bewegungsstärke: kraftvoll, zeitlich und räumlich richtig koordiniert; Bewegungstempo: Tempo eher hoch, auch hektisch und überschießend, oder eher langsam, träge, schwerfällig, häufig der „Letzte")
- **Muskelspannung** (normal im Unterschied zu spastisch, schlaff, wechselnd) und Bewegungselastizität
- **Bewegungskoordination, Mitbewegungen**

■ **Feinmotorik**
- **Feinmotorische Fähigkeiten** (Bleistifthaltung, Umgang mit Materialien, Pinzettengriff, Perlen auffädeln, Buchseiten umblättern, Ausschneiden, Kleben, Malen, Nähen und Graphomotorik)
- **Schreibmotorik** (flüssiges Schreiben, nicht steif, zittrig und unkoordiniert; angemessener Schreibdruck, nicht zu stark oder zu schwach; Zeilensicherheit; sichere Strichführung, nicht verkrampft, unsicher, abgehackt; richtige Buchstabengröße)
- feinmotorische **Auge-Hand-Koordination**
- **Mundmotorik**
- **Bilateralintegration und Lateralität**
- **Überkreuzen der Körpermittellinie**
- **Simultane Bewegungsmuster** (z. B. Rudern, Robben der Säuglinge)
- **Homolaterale Bewegungsmuster** (z. B. kriechende Vorwärtsbewegung, bei dem der Arm und das Beim der einen Seite gebeugt, der anderen Seite gestreckt werden)

- Flüssiger und koordinierter Bewegungsablauf bei komplexen Anforderungen (z. B. rhythmische Bewegung, Hampelmannsprung, Seilspringen)
- Präferenzdominanz Hand

■ Körperschema
- Identifikation der eigenen Körperteile
- Rechts-Links-Unterscheidung am eigenen Körper („Zeige den linken Fuß!", „Zeige das rechte Auge!")
- Rechts-Links-Unterscheidung am Gegenüber (Achtjährigen gelingt eine objektive Links-Rechts-Unterscheidung unabhängig vom eigenen Standpunkt.) (ebd.)
- Verbale Zuordnung von „rechts" und „links"
- Umsetzen von Raumbegriffen in körperliche Bewegungen („Gehe drei Schritte nach vorn und dann einen Schritt nach rechts!")
- Nachahmen von Bewegungen

Wahrnehmung

Vorrangig ist zu klären, ob Sinnesbeeinträchtigungen zu erschwerten Lernprozessen führen. Schwerhörigkeit z. B. kann lange unbemerkt bleiben. Festgestellt werden nur die Folgeerscheinungen (z. B. mangelnde Aufmerksamkeit, scheinbare Konzentrationsschwäche, Lautbildungsfehler, falsche Rhythmisierung, eingeschränkter Wort- und Sprachformenschatz). Beeinträchtigungen des Hörens werden manchmal übersehen, weil sich Normalhörende die Auswirkungen einer Schwerhörigkeit nur schwer vorstellen können. Einer Vermutung, dass die Sinnestätigkeit beeinträchtigt ist, sollte umgehend weiter nachgegangen werden.

■ Akustische Wahrnehmung
- Raumvorstellung und -orientierung mit offenen Augen
- Raumvorstellung und -orientierung mit geschlossenen Augen
- Differenzieren von Geräuschen
- Kann Geräuschquellen lokalisieren
- Fokussierung der Aufmerksamkeit im akustischen Bereich (akustische Konzentration)
- Wiedergeben der Abfolge unterschiedlicher Geräusche (auditive Serialität)
- Behalten von Gehörtem (auditives Gedächtnis) (Nachsprechen einfacher Reime und Sätze, Behalten von Instruktionen)

- **Visuelle Wahrnehmung**
  - Gegenstände und Personen anschauen, bewegten Gegenständen mit den Augen folgen, Blickkontakt halten
  - Figur-Grund-Wahrnehmung, d. h. Herauslösen einer Figur vor einem Hintergrund, visuelle Konzentration
  - Visuelle Serialität (Muster fortsetzen oder ergänzen)
  - Gegenstände, Bilder ordnen
  - Veränderungen feststellen (in einem Gegenstand, in einem Bild)
  - Figuren ergänzen, Bildausschnitte einem Bild zuordnen
  - Wahrnehmung räumlicher Beziehungen (Gegenstände in eine angegebene Beziehung bringen; Symbol- und Buchstabenfolgen beachten; Rechts-Links-Vergleich; Formen nachlegen)

- **Taktil-kinästhetische Wahrnehmung**
  - Reagieren auf Berührungsreize und Lokalisieren der Reize (Empfindet der Schüler taktile Reize als unangenehm und zeigt taktile Abwehr? Sucht er permanent taktile Reize?)
  - Differenzieren, Erkennen und Benennen taktiler Reize (warm, weich, fest, hart ...) und Tastlokalisation
  - Gegenstände ertasten, unterscheiden und benennen (Papier, Tasse u. a.)
  - Spuren nachfahren und erzeugen
  - Körperempfinden und Körperkontrolle (Kann der Schüler Gelenkstellungen und Körperhaltungen bei sich selbst genau wahrnehmen?)

Sprache

Im jüngeren Schulalter befindet sich die Sprache noch in einem intensiven Entwicklungsprozess, der vielfältigen Einflüssen fördernder oder hemmender Art ausgesetzt ist. Sprachbeeinträchtigungen können das Lernen und die sozialen Kontakte des Kindes erheblich behindern. Sie treten als Verzögerung der Sprachentwicklung oder als Störung bzw. Andersartigkeit des Sprachvorganges in Erscheinung, was sich in den unterschiedlichen Beobachtungs- und Einschätzungsaspekten zeigen kann.

- **Artikulation, Lautbildung**
  - Richtige Bildung der Laute (Im Alter von 6 Jahren besitzen Kinder in der Regel eine weitgehend fehlerfreie Aussprache. Fehlleistungen in der Lautbildung bestehen im Auslassen von Lauten oder Silben, z. B.

„Motive" statt „Lokomotive", „Tuhl" statt „Stuhl", sowie im Verwechseln oder Ersetzen von Lauten, z. B. „Tanne" statt „Kanne". Falschbildung von Lauten tritt bei S-Lauten bzw. Zischlauten auf und ist als Lispeln bekannt.)
- **Lautunterscheidung und phonematische Differenzierung** (Fehlleistungen zeigen sich darin, dass die Kinder die Laute nicht gut differenzieren können. Das kann dazu führen, dass sie beim Sprechen viele Laute verwechseln.)
- **Richtige Lautfolge, keine Auslassungen oder Verdrehungen in der Lautfolge**

■ Wortschatz und Wortfindung
- **Aktiver Wortschatz beim Erzählen** (Finden der passenden Wörter, ohne in unspezifische Bezeichnungen wie „Ding" und „machen", Gesten oder Zeichen auszuweichen)
- **Aktiver Wortschatz beim Benennen vorgezeigter Bilder und Gegenstände**
- **Passiver Wortschatz, d. h. Verstehen verwendeter Begriffe**
- **Oberbegriffe finden** (z. B. für Hammer und Zange)
- **Einem Begriff mehrere Unterbegriffe zuordnen oder zu einem Begriff mehrere Unterbegriffe finden**
- **Benennen von Teilen, Zweck und Funktion von Gegenständen**

■ Sprachgedächtnis
- **Behalten längerer Sätze oder Wortreihen**
- **Behalten kurzer Verse, Gedichte und Geschichten**
- **Exaktes Wiederholen von Sätzen mit abgestufter Anzahl von Silben** (auf exakte Endungen achten)
- **Verstehen und Wiederholen von Anweisungen**

■ Grammatik und Satzbildung
- **Sprechen in einfach strukturierten, syntaktisch korrekten Sätzen** (in der Regel im Alter von 5 bis 6 Jahren zu erwarten)
- **Verstehen von Sätzen mit komplexeren grammatischen Strukturen** (Zeige das Bild, wo schon alle Leute in den Zug eingestiegen sind!)
- **Mehrzahl bilden**
- **Steigerungsformen bilden**
- **Sprechen in ganzen Sätzen**

- **Redefluss, Stimme und prosodische Elemente**
- Angemessene Regulation des Sprechtempos (Beim Stottern kommt es zu Unterbrechungen im Redefluss beim zusammenhängenden Sprechen. Sie zeigen sich in krampfartigen Stockungen oder im mehrfachen Wiederholen von Lauten und Silben. Zu beachten ist auch das überhastete Sprechen.)
- Stimmqualität (normale Stimme oder Auffälligkeiten)
- Angemessener Sprechrhythmus

- **Gesprächsbereitschaft und Gesprächsfähigkeit**
- Wohlfühlen und Sicherheit beim Sprechen
- Aufgeschlossenheit bei spontanen Sprechgelegenheiten
- Lebendiges Erzählen von Erlebnissen, Bildfolgen und Geschichten
- Gesprächsbereitschaft (spricht gern mit der Lehrerin, mit Mitschülern)
- Dem Gesprächsverlauf richtig folgen können, anderen aufmerksam zuhören
- Die eigene Meinung deutlich machen und sich fair auseinandersetzen

- **Erzählen, Nacherzählen und szenisches Gestalten**
- Ein Erlebnis erzählen können (z. B. ein Erlebnis mit einem Tier)
- Zu einem abstrakteren Thema erzählen können (z. B. „Als ich einmal Angst hatte")
- Kurze Bildgeschichte (3 bis 4 Bilder) nacherzählen können
- Beim szenischen Gestalten auf der Grundlage literarischer Vorlagen mit Einsatz von Gestik und Mimik mitwirken

Denken

Hier geht es um die geistigen Prozesse bei der Analyse der Aufgabenstellungen und beim Lösen der Aufgabe. Anschließend wird die mehr oder weniger bewusste Handlungssteuerung beim Lösen von Problemaufgaben angesprochen. Bei MATTHES (2009, S. 233 f.) werden auch Phasen der kognitiven Entwicklung nach Piaget und ausgewählte Faktoren aus Intelligenztests genannt.

- **Analyse der Aufgabenstellung**
- Auseinandersetzung mit der Aufgabenstellung bzw. Reizvorlage (systematisch, reflexiv, wenn nötig auf Kleinigkeiten achtend, das Ziel

berücksichtigend versus unsystematisch, impulsiv, nur dem Auffälligsten und Augenblicksimpulsen folgend)
- **Präzision und Genauigkeit der Wahrnehmung** (detailgetreue, präzise Wahrnehmung auch bei komplexen Reizvorlagen versus oberflächliche Wahrnehmung, verschwommen, Details werden nicht abgegrenzt)
- **Unterscheiden von wesentlichen und unwesentlichen Informationen** (Feststellen von Unstimmigkeiten und Informationslücken versus Bemühen um Klarheit, was zu tun ist)

■ **Denkprozesse zur Lösung der Aufgabe**
- **Herauslösen von Merkmalen und Beziehungen** (Erkennt das Kind, dass zwei Bilder von mehreren gut zusammenpassen, weil auf beiden ein Fahrzeug / eine Frucht / ein Spielgegenstand abgebildet ist? Erkennt es, dass auf einer Abbildung ein Detail fehlt, das auf einer Vergleichsabbildung zu sehen ist?)
- **Vergleichen von Merkmalen und Beziehungen, um Gemeinsamkeiten, Unterschiede und Zusammenhänge zu erkennen bzw. herzustellen** (Beispielaufgabe für das Erkennen zeitlich-kausaler Zusammenhänge: „Lege die Bilder so, dass eine Geschichte entsteht!")
- **Eine Handlungsfolge fortsetzen, sodass ein vorher erkanntes Ziel oder eine Regel beachtet wird** (Berücksichtigen des Vorherigen beim nächsten Schritt, z. B.: immer eins mehr, immer abwechselnd ...)
- **Erkennen von Analogien, Übertragen von Erkenntnissen auf neue Sachverhalte** (Werden bereits erkannte Beziehungen auf neue Situationen übertragen? Beispiele: Was ist in beiden Geschichten gleich?)
- **Einfälle zum Problemlösen**
- **Größe der Informationsmenge, die der Schüler berücksichtigen kann**

■ **Planung, Selbstkontrolle, Reflexion**
- **Schrittweises Vorgehen** (z. B. beim Betrachten detailreicher Bilder)
- **Antizipation und Planung** (Auf welchem Niveau können die nötigen Schritte geplant werden?)
- **Selbstbeobachtung** (Kann der eigene Stand im Lösungsprozess eingeschätzt werden? Mögliche Fragen: Wie weit bist du? Was hast du schon getan? Was musst du noch tun?)
- **Lerntechniken wie Sortieren und Klassifizieren, Ober- und Unterbegriffe nennen, Anwenden von Memorierstrategien bei bestimmten**

Lerninhalten (z. B. Gedicht in kleine Sinneinheiten „portionieren", einen Lerninhalt in Sinneinheiten untergliedern u. a.)
• **Reflexion über den Lösungsweg, Wissen um eigene Stärken und Schwächen** (Fragen: Als du die Aufgabe bekommen hast, was hast du zuerst gemacht? Was war in dieser Aufgabe wichtig? Kennst du ähnliche Aufgaben? Was war leicht? Was war schwer? Wie kannst du diese Aufgabe einem Freund erklären?)

Selbstkontrolle des Verhaltens

Soziale Situationen können eine emotionale Bewältigung erfordern, weil das Kind mit Enttäuschungen zu kämpfen hat. Beobachtungen richten sich auf Verhaltensweisen in Situationen (rücksichtsvolles Verhalten; angemessene Äußerung von Wünschen; Versuch, berechtigte Forderungen ohne Gewalt durchzusetzen; Wahrnehmen von Gefühlen und Wünschen anderer, Rücksichtnahme; Akzeptieren von Hinweisen auf einen Fehler, angemessener Umgang mit Kritik) und Fähigkeiten bzw. Reaktionstendenzen der Persönlichkeit (Bewältigungsstrategien Frustrationstoleranz, Teilen, zuhören, warten können) (s. MATTHES, 2009, 236 f.). Weitere Aspekte der Verhaltensregulation wurden in die nachfolgenden Bereiche aufgenommen.

Soziale Kompetenz

Die soziale Kompetenz umfasst Fertigkeiten und andere individuelle Voraussetzungen für die Interaktion in der Gruppe. In den förderdiagnostischen Kriterien werden Kompetenzen angesprochen, die das Kind in die Lage versetzen, zum Gruppenleben beizutragen.

■ **Soziale Wahrnehmung und Perspektivübernahmen**
• **Fähigkeit, den Blickwinkel einer Person zu berücksichtigen, wenn es dieser etwas zeigen will** (z. B. das Bild im Bilderbuch nicht verdeckt oder seitenverkehrt zeigen; beim Erzählen beachten, was der andere wissen kann)
• **Fähigkeit, Stimmungen und Gefühle anderer zu bemerken und darauf einzugehen**
• **Fähigkeit, in der Beurteilung einer missglückten Handlung zwischen Absicht und tatsächlichem Ergebnis zu unterscheiden**
• **Fähigkeit, sich in andere Kinder einzufühlen**

- **Gedanken und Absichten anderer Personen berücksichtigen können** (zeigt sich z. B. auch durch Raten oder Täuschungsmanöver bei Versteck- oder Kartenspielen, z. B. beim „Schwarzen Peter")

■ **Kontaktaufnahme**
- **Freundschaften** (leicht Anschluss finden können, Freunde haben, von sich aus auf andere zugehen können)
- **Spiel mit anderen** (im Beisein anderer nicht immer nur für sich spielen, an Regelspielen teilnehmen)
- **Leichtigkeit der Kontaktaufnahme zu Mitschülern**
- **Kontaktaufnahme zur Lehrerin** (Was tut der Schüler, wenn er will, dass die Lehrerin sich ihm zuwendet oder ihm hilft?)
- **Ängste und Vermeidungshaltungen, bezogen auf Personen** (z. B. Hemmungen, zu fragen, ob man in der Gruppe mitarbeiten darf)

■ **Kooperation und soziale Regeln**
- **Hilfsbereitschaft** (hilfsbereit und freundlich sein, andere mitspielen lassen, Spielzeug oder Arbeitsmaterialien verleihen, gut mit anderen zusammenarbeiten, anderen helfen)
- **Fähigkeit, mit anderen gemeinsam zu spielen** (Spielt und beschäftigt der Schüler sich gerne allein / in einer kleinen Gruppe? Spielt und beschäftigt er sich vor allem mit Erwachsenen?)
- **Fähigkeit, an Gruppenaktivitäten teilzunehmen** (auch dann, wenn nicht alle eigenen Wünsche berücksichtigt werden)
- **Konfliktlösungskompetenzen** (Fähigkeiten, mit deren Hilfe man Streitigkeiten vermeidet bzw. Konflikte friedlich löst. Beispiele: Streitigkeiten nicht eskalieren lassen, kompromissbereit sein, verschiedene Lösungswege probieren, sich um Wiedergutmachung bemühen)
- **Einhalten von Regeln** (Ordnungen, Vereinbarungen werden nicht häufig übertreten und missachtet. Bei Brett- oder Kartenspielen, z. B. Memory, Bilderlotto, werden die Regeln eingehalten.)
- **Aktiver Beitrag zur Konfliktlösung** (z. B. durch Vorschläge, die in Konfliktsituationen zur Lösung beitragen können, wie: die Reihenfolge einhalten)

Lern- und Leistungsmotivation

Wichtig für die Lern- und Leistungsmotivation ist das Interesse am Lerngegenstand, ebenso sehr aber auch die subjektive Aussicht auf Erfolg.

■ **Freude, Interessen und Neigungen**
- **Tätigkeiten und Situationen, die in der Schule Freude bereiten** (Beispiele: lesen, am mündlichen Unterricht beteiligen, Aufmerksamkeit erhalten)
- **Tätigkeiten und Situationen, die keine Freude bereiten**
- **Besondere Interessen**
- **Beliebte und häufige Freizeittätigkeiten**

■ **Anstrengungsbereitschaft, subjektive Ursachenerklärung, Reaktion auf Erfolg und Misserfolg**
- **Kausalattribution** (Dieses Beobachtungsmerkmal beinhaltet die innere Erklärung von Ursachen für Erfolg oder Misserfolg. Eine Kausalattribution könnte z. B. lauten: „Ich habe schlechte Leistungen, weil die Lehrerin nicht doppelt erklärt. Ich kann das nicht.")
- **Reaktion auf Erfolg** (Beispiele: Erfolge führen zur Verminderung der Leistungsangst; sie haben anspornende Wirkung.)
- **Reaktion auf Misserfolge** (Beispiele: Misserfolge führen zu Leistungsangst und Vermeidung. Auftretende Fehler verunsichern sehr. Oder: Der Schüler kann auch mit Misserfolgen umgehen; er lässt sich durch Fehler und Schwierigkeiten nicht gleich entmutigen.)
- **Gefühl der Hilflosigkeit** (Von erlernter Hilflosigkeit wird gesprochen, wenn das Kind glaubt, eine Aufgabe nicht lösen oder eine Situation nicht meistern zu können, obwohl es objektiv wenigstens teilweise dazu in der Lage wäre.)

Selbstbild und Selbstwerterleben

Selbstbild und Selbstwerterleben gehören zu den zentralen Lernbedingungen. „Selbstwerterleben" meint primär den emotionalen Aspekt, und es ist von Interesse, durch welche Tätigkeiten das Kind eine Stabilisierung seines Selbstwertes erreichen kann. „Selbstbild" spricht die kognitive Seite an. Bei Kindern mit Lernstörungen müssen Ängste und Beschwerden klar erkannt werden (zu subjektiven „Leitlinien" des Verhaltens s. Matthes 2009, 114f., 240).

Selbstwerterleben
- **Selbstwertgefühl** (Ein hohes Selbstwertgefühl beinhaltet eine emotional positive Einstellung zu sich selbst.)
- **Selbstsicherheit** (Selbstsicherheit bedeutet Vertrauen in die eigenen Fähigkeiten. Der Schüler ist von eigenen Entscheidungen und Meinungen überzeugt und glaubt an den Erfolg der eigenen Anstrengungen.)
- **Ursachen von Selbstwertstabilisierung** (Wodurch erhöht der Schüler seinen Selbstwert? Zeigt er seine Arbeitsergebnisse gern anderen Schülern? Geht er leicht an neue, unbekannte Aufgaben heran? Spricht er vor der Klasse angstfrei? Hilft er gern?)
- **Bereiche eines stabilen Selbstwertes** (Bei welchen Tätigkeiten und in welcher Beziehung zeigt sich ein stabiler Selbstwert, d.h. wo traut der Schüler sich etwas zu, ohne anmaßend zu sein.)
- **Ursachen von Selbstwertminderung** (z. B. schwache Schulleistungen)
- **Gibt es einen Leidensdruck** (z. B. durch Lernschwierigkeiten, die materielle Situation der Familie, die Außenseiterposition in der Gruppe?)

Schulbezogenes Selbstbild
- **Hält das Kind sich für klug oder dumm, fleißig oder nicht fleißig?**
- **Realitätsgrad der Selbsteinschätzung** (z. B. Tendenzen zur Überschätzung)
- **Wohlbefinden in der Schule** (Was gefällt dir besonders an der Schule? Fühlst du dich in deiner Klasse, auf deinem Platz wohl?)
- **Selbsteinschätzung** (Was kannst du genauso gut oder besser als andere? Welche von diesen Wörtern kannst du bei einem Diktat richtig schreiben?)

Soziales Selbstbild
- Gibt es Kinder, die du gar nicht magst?
- Wer ist dein bester Freund? Warum ist er dein bester Freund?
- Sind andere Kinder manchmal ärgerlich auf dich?
- Was können andere Kinder besser als du?

Zuversicht und Abwesenheit von Ängstlichkeit, Angst, Depressivität und körperlichen Beschwerden
- **Mutiges und positives Herangehen an die Aufgaben** (im Unterschied zur Ängstlichkeit, bei der der Schüler einer allgemeine Angst vor dem Alleinsein, vor Neuem und Ungewissem hat, einen ängstlichen Eindruck macht, schreckhaft und unruhig wirkt)

- **Bewältigung von Herausforderungen** (Schüler hat keine Angst vor der Schule. Er hat keine Angst, an die Tafel zu gehen und vor anderen zu sprechen.)
- **Positive Grundstimmung** (im Unterschied zu depressiv wirkenden Verhaltensweisen, bei denen der Schüler niedergeschlagen und traurig ist und ohne erkennbaren Anlass weint)
- **Körperliches Wohlbefinden** (keine körperlichen Symptome wie Kopfschmerzen, Bauchschmerzen, Übelkeit, Erbrechen, Hautprobleme, Schwindelgefühle)
- **Andauernde innere Konfliktthemen** (z. B. die Schulleistungen oder die Kleidung)

Lern- und Arbeitsverhalten, Konzentration, Handlungsausführung

Ob eine konzentrierte Beschäftigung mit einer Lernaufgabe gelingt, hängt von der Aufgabenstellung und den inneren Bedingungen ab. Zu diesen gehören das Vorwissen und die Motivation, aber auch Gesichtspunkte der Lern- und Arbeitsgewohnheiten, Lernstrategien und Fähigkeiten zur Selbstregulation, die anschließend angesprochen werden.

■ **Lern- und Arbeitsgewohnheiten**
- **Sorgfältiger Arbeitsstil** (Der Schüler geht Schritt für Schritt vor und achtet auf exakte Ausführung. Er bearbeitet die Aufgaben vollständig.)
- **Ordnungsgewohnheiten** (Der Schüler hält seine Sachen in Ordnung und behandelt die Dinge pfleglich.)
- **Selbstkontrolle beim Ausführen von Lernaufgaben** (Der Schüler wendet die gelernten Kontrollverfahren an und arbeitet sorgfältig. Er beherrscht das Kontroll-Lesen beim Diktat, das Nachrechnen von Matheaufgaben, das Nachmessen u. Ä.)
- **Sauberkeit**
- **Heftführung**

■ **Reflexiver kognitiver Stil**
- **Orientierung über die Aufgabe** (Der Schüler nimmt Anweisungen vollständig auf. Er kann sich auch auf Schwierigkeiten einstellen und übersieht sie nicht. Beginnt erst, wenn er weiß, was er tun soll.)
- **Reflexive Ausführungsregulation** (Der Schüler überlegt beim Lösen von Aufgaben. Er kann die Aufmerksamkeit, wenn notwendig, auf De-

tails richten, denkt bei auftretenden Schwierigkeiten neu nach und macht kaum Flüchtigkeitsfehler.)

■ **Impulskontrolle**
- **Angemessene Impulskontrolle** (Eine geringe Impulskontrolle zeigt sich darin, dass der Schüler ständig dazwischen ruft und mit der Antwort herausplatzt, bevor die Frage beendet ist. Er gibt sofortige, aber fehlerhafte Antworten. Er handelt, ohne sich Gedanken über die Konsequenzen zu machen und zeigt einen Mangel an Vorsicht und Zurückhaltung.)
- **Fähigkeit, Handlungsfolgen zu berücksichtigen** (Eine geringe Fähigkeit, Handlungsfolgen zu berücksichtigen, zeigt sich darin, dass der Schüler handelt, ohne sich Gedanken über die Konsequenzen zu machen und einen Mangel an Vorsicht und Zurückhaltung zeigt.)
- **Abschirmen von Ablenkungen** (Der Schüler kann sich intensiv und lange konzentrieren. Er lässt sich nicht pausenlos ablenken, z. B. durch entfernte Geräusche u. Ä.)
- **Ordnet andere Impulse und Ziele der sinnvollen aktuellen Zielstellung unter** (Der Schüler wendet sich nicht ständig neuen Dingen zu.)

■ **Regulation des Aktivitätsniveaus**
- **Angemessene Steuerung des motorischen Aktivitätsniveaus** (Fähigkeit zur Selbstberuhigung, aber auch zur Temposteigerung)
- **Angemessene Aktivierung** (Bei Antriebsmangel ist der Aktivitätspegel herabgesetzt; der Schüler wirkt antriebslos, desinteressiert und gleichgültig.)
- **Wachheit** (Im Unterschied zur Wachheit kann ein Schüler ständig müde oder rasch ermüdbar sein.)

Literatur

Babanski, J. (1977): Untersuchungen zur Überwindung des Leistungsversagens bei Schülern. Beiträge zur Pädagogik, Bd. 6. Berlin: Volk und Wissen.

Barth, K./Gomm, B. (2004): Gruppentest zur Früherkennung von Lese- und Rechtschreibschwierigkeiten. Phonologische Bewusstheit bei Kindergartenkindern und Schulanfängern (PB-LRS). München: Ernst Reinhardt Verlag.

Becker, U. (2008): Lernzugänge. Integrative Pädagogik mit benachteiligten Schülern. Wiesbaden: VS Verlag für Sozialwissenschaften.

Betz, D./Breuninger, H. (1998): Teufelskreis Lernstörungen. 5. Aufl., Weinheim: Beltz.

Breuer, H./Weuffen, M. (2006): Lernschwierigkeiten am Schulanfang: lautsprachliche Lernvoraussetzungen und Schulerfolg. Weinheim: Beltz.

Brügelmann, H./Brinkmann, E. (2006): Sprachbeobachtung und Sprachförderung am Schulanfang. Diagnostizieren und Fördern. Stärken entdecken – Können entwickeln. In: Friedrich Jahresheft (2006), 30–33.

Bruner, J. S. (1974): Entwurf einer Unterrichtstheorie. Berlin: Berlin Verlag.

Burger-Gartner, J./Heber, D. (2003): Auditive Verarbeitungs- und Wahrnehmungsleistungen bei Vorschulkindern. Modernes Lernen Dortmund: Borgmann.

Dannenbauer, F. M. (2002): Allgemeine Aspekte des Grammatikerwerbs. In: Baumgartner/Füssenich, Sprachtherapie mit Kindern. München: Reinhard.

Dannenbauer, F. M./Künzig, A. (2002): Aspekte der entwicklungsproximalen Sprachtherapie und des Therapeutenverhaltens bei entwicklungsdysphasischen Kindern. In: Handbuch der Sprachtherapie, 4: Störungen der Grammatik, 167–190.

Dreher, H./Spindler, E. (1996): Rechnen lernen mit der kybernetischen Methode. Grundlagen, Bd. 1. Rottenburg: Rottenburger Verlag.

Dummer-Smoch, L./Hackethal, R. (2007): Kieler Leseaufbau. Kiel: Veris Gesellschaft für Bildungswesen mbH.

Emmer, A./Hofmann, B./Matthes, G. (2007): Elementares Training bei Kindern mit Lernschwierigkeiten. Weinheim: Beltz.

Esser, G. (2003): Umschriebene Entwicklungsstörungen. In: Esser (Hrsg.): Lehrbuch der Klinischen Psychologie und Psychotherapie des Kindes- und Jugendalters, 134–151. Stuttgart: Thieme.

Esser, G. (1994): Die Bedeutung organischer und psychosozialer Risiken für die Entstehung von Teilleistungsschwächen. In: Frühförderung interdisziplinär, 13, 49–60.

FörMig (2008): Lerndokumentation Sprache (Meilensteine). http://www.foermig-berlin.de/materialien/Lerndoku_Sprache_Meilensteine.pdf (letzter Zugriff am 12. April 2011).

Forster, M./Martschinke, S. (2001): Leichter lesen und schreiben lernen mit der Hexe Susi. Übungen und Spiele zur Förderung der phonologischen Bewusstheit. Diagnose und Förderung im Schriftspracherwerb, 2. Donauwörth: Auer.

Frith, U. (1985): Beneath the surface of developmental dyslexia. In: Patterson, K. E./Marshal, J. C./Colthart, M. (Hrsg.), Surface dyslexia, 300–330. London: Lawrence Erlbaum Associates.

Fritz, A./Ricken, G. (2008): Rechenschwäche. München: Reinhardt UTB.

Furman, B. (2008): Ich schaffs! Spielerisch und praktisch Lösungen mit Kindern finden – Das 15-Schritte-Programm für Eltern, Erzieher und Therapeuten. Heidelberg: Carl-Auer.

Gellert, M./Nowack, K. (2005): Arbeit in und mit Teams. Eine Begriffsklärung. Zeitschrift für Psychodrama und Soziometrie (ZPS), Heft 1, 7–27.

Gfrörer, R. (2008): Das Operationsteam: Eine Analyse der Verhältnisse der Zusammenarbeit im Operationssaal. Wiesbaden: Deutscher Universitätsverlag.

Goldberg, F./Haensch, M. (2004): Auf welche Gipfel wollen Sie? Wie man sich Ziele setzt und sie erreicht. Berlin: Lardon Media AG.

Griesshaber, W. (2002): Zum Verfahren der Sprachprofilanalyse. http://spzwww.uni-muenster.de/~griesha/dpc/profile/profilhintergrund.html; (letzter Zugriff am 9. Juni 2011).

Grohnfeldt, M. (2002): Störungen der Grammatik. In: Handbuch der Sprachtherapie, 4: Störungen der Grammatik. Berlin: Marfeld Verlag.

Helmke, A. (1997): Individuelle Bedingungsfaktoren der Schulleistungen: Ergebnisse aus dem SCHOLASTIK-Projekt. In: Weinert/Helmke (Hrsg.), Entwicklung im Grundschulalter, 203–216. Beltz PVU: Weinheim.

Hertig, S. (1999): Vers und Form. Schubi-Verlag: Braunschweig.

Homburg, G. (2002): Konzepte und Ansatzpunkte einer Dysgrammatismustherapie. In: Handbuch der Sprachtherapie, 4: Störungen der Grammatik, 113–143.

Jansen, F./Streit, U./Fuchs, A. (2007): Lesen und Rechtschreiben lernen nach dem IntraActPlus-Konzept. Heidelberg: Springer Medizin Verlag.

Kempf-Kurth, I. (2010): Förderdiagnostische Aspekte rund um das Erstgespräch. In: Sprachrohr Lerntherapie. Zeitschrift für Integrative Lerntherapie, 1/2010, 19–22.

Kisch, A. (2003): Geschickte Hände zeichnen: Zeichenprogramm für Kinder von 5-7 Jahren, 1 und 2. Dortmund: Modernes Leben Verlag.

Klemm, K. (2009): Sonderweg Förderschulen: Hoher Einsatz, wenig Perspektiven. Eine Studie zu den Ausgaben und zur Wirksamkeit von Förderschulen in Deutschland. Gütersloh: Bertelsmann-Stiftung.

Kretschmann, R. (2007): Lernschwierigkeiten, Lernstörung und Lernbehinderung. In: Walter/Wember, Sonderpädagogik des Lernens, 4–32. Göttingen: Hogrefe.
Kretschmann, R./Dobrindt, Y./Behring, K. (1998): Prozessdiagnose des Schriftspracherwerbs. Honeburg: Persen.
Kretschmann, R./Rose, A. M. (2007): Was tun bei Motivationsproblemen? 3. Auflage. Honeburg: Persen.
Kube, D./Rehak, B./Winzer, H. (2003): Rechtschreibschwäche muss nicht sein – lautgetreues Schreiben ohne Konsonantenhäufung. Berlin: Duden Paetec GmbH.
Kuhn, K. (2009): ABC der Tiere – Lesen in Silben. Offenburg: Mildenberger Verlag.
Küspert, P. (1998): Phonologische Bewusstheit und Schriftspracherwerb. Zu den Effekten vorschulischer Förderung der phonologischen Bewusstheit auf den Erwerb des Lesens und Rechtschreibens. Frankfurt am Main: Peter Lang.
Küspert, P./Schneider, W. (2001): Hören, lauschen, lernen. Sprachspiele für Kinder im Vorschulalter. Würzburger Trainingsprogramm zur Vorbereitung auf den Erwerb der Schriftsprache. 3. Aufl. Göttingen: Vandenhoeck & Ruprecht.
Landesinstitut für Schule und Medien Berlin-Brandenburg (LISUM)(Hrsg.)(2005): ILeA – Individuelle Lernstandsanalysen Brandenburg.
Landesinstitut für Schule und Medien Berlin-Brandenburg (LISUM) (2009): Sonderpädagogische Förderung in den Berliner Schulen. Teil 5: Sonderpädagogischer Förderschwerpunkt „Sprache". Berlin.
Lauth, G. W./Grünke, M./Brunstein, J. C. (Hrsg.) (2004): Interventionen bei Lernstörungen. Göttingen: Hogrefe.
LingoCards (2004): Haus-Maus-Laus. Silbolo. L wie Löwe. Köln: LingoPlay.
Mannhaupt, G. (2006): Münsteraner Screening zur Früherkennung von Lese-Rechtschreibschwierigkeiten (MÜSC). Handreichungen zur Durchführung der Diagnose. Mit Folien, Kopiervorlagen und je ein Testheft A und B.
Matthes, G. (2009): Individuelle Lernförderung bei Lernstörungen. Stuttgart: Kohlhammer.
Matthes, G. (2011): Förderdiagnostische Kriterien. Fassung von 2011. http://www.individuelle-lernfoerderung.wib-potsdam.de/kriterien.html
Matthes, G./Salzberg-Ludwig, K. (2010): Kooperative Beratung und Förderdiagnostik – ein Handlungskonzept für die individuelle Lernförderung. In: Zeitschrift für Heilpädagogik 12/2010, 454–462.
Matthes, G./Salzberg-Ludwig, K./Nemetz, B. (2008): Fördern und Diagnostizieren (Forschungsbericht). Potsdam: Universitätsverlag. Zugleich online veröffentlicht auf dem Publikationsserver der Universität Potsdam: ULR http://pub.ub.uni-potsdam.de/volltexte/2008/2698.

miniLÜK (2004): Förderspiele Hörspaß. Mit der Eisenbahn zum Abenteuer Hören. Software auf CD-ROM. München: Mühlbauer/LÜK.

Motsch, H.-J. (2004): Kontextoptimierung im Unterricht. Förderung grammatischer Fähigkeiten in Therapie und Unterricht. München, Basel

Müller, A. (2006): Das Lernen gestaltbar machen. Spirit Of Learning. Schweiz: www.institut.beatenberg.ch

Müller, R. (1993): Frühbehandlung der Leseschwäche. Weinheim und Basel: Beltz Verlag.

Mutzeck, W. (2005): Kooperative Beratung. Weinheim, Basel. Beltz.

Opp, G./Wenzel, E. (2002): Eine neue Komplexität kindlicher Entwicklungsstörungen – Ko-Morbidität als Schulproblem. In: Schröder/Wittrock/Rolus-Borgward/Tänzer (Hrsg.), Lernbeeinträchtigung und Verhaltensstörung. Konvergenzen in Theorie und Praxis. Stuttgart: Kohlhammer.

Oussoren-Voors, R. (2009): Schreibtanz: Von abstrakten Bewegungen zu konkreten Linien für 3-8 jährige Kinder. Bd. 1. Dortmund: Modernes Leben Verlag.

Reuter-Liehr, C. (2003): Lautgetreue Rechtschreibförderung, Bd. 5. Die Spielspirale. Bochum: Winkler Verlag.

Salzberg-Ludwig, K. (2007): Die Mind Mapping Methode und ihre Möglichkeiten zur Förderung von Gedächtnisleistungen bei lernbeeinträchtigten Schülerinnen und Schülern. In: Salzberg-Ludwig/Grüning (2007): Pädagogik für Kinder und Jugendliche in schwierigen Lern- und Lebenssituationen. Stuttgart: Kohlhammer, 253–270.

Salzberg-Ludwig, K./Grüning, E. (2007): Pädagogik für Kinder und Jugendliche in schwierigen Lern- und Lebenssituationen. Stuttgart: Kohlhammer Verlag.

Salzberg-Ludwig, K./Matthes, G. (2010): Zum Beitrag von Sonderpädagogen zur individuellen Lernförderung. In: Sonderpädagogischer Kongress 22.4.–24.4.2010, Weimar, Verband Sonderpädagogik. Würzburg (CD).

Sander, A. (2007): Zu Theorie und Praxis individueller Förderpläne für Kinder mit sonderpädagogischem Förderbedarf. In Mutzeck (Hrsg.), Förderplanung. Grundlagen – Methoden – Alternativen, 14–32. Weinheim: Beltz.

Scheerer-Neumann, G. (2002): Lese-Rechtschreibschwierigkeiten: Analyse und Förderung (gesammelte Beiträge). Potsdamer Studien zur Grundschulforschung, Heft 29.

Schnebel, St. (2007): Professionell beraten. Beratungskompetenz in der Schule. Weinheim, Basel: Beltz.

Schneider, W./Shiffrin, R. M. (1977): Controlled and automatic human information processing: I. Detection, search, and attention. In: Psychological Review, 84, 1–66.

Schuck, K. D./Lemke, W./Schwohl, J. (2007): Förderbedarf, Förderkonzept und Förderplanung. In: Walter/Wember (Hrsg.): Sonderpädagogik des Lernens. Handbuch der Sonderpädagogik, Bd. 2, 207–218. Göttingen: Hogrefe.
Senatsverwaltung für Bildung, Jugend und Sport (Hrsg.) (2005): Materialien zum Sprachlernen: Phonologische Bewusstheit. Berlin.
Senatsverwaltung für Bildung, Jugend und Sport (Hrsg.) (2005): Materialien zum Sprachlernen: Lerndokumentation Sprache. Berlin.
Senatsverwaltung für Bildung, Jugend und Sport (Hrsg.) (2006): Handreichung zur sonderpädagogischen Förderung. Temporäre Lerngruppen in der Schulanfangsphase. Berlin.
Senatsverwaltung für Bildung, Jugend und Sport (Hrsg.) (2006): Handreichung zur sonderpädagogischen Förderung. Überprüfung grundlegender Kompetenzen in den Bereichen der Wahrnehmung und Motorik am Schulbeginn. Berlin.
Senatsverwaltung für Bildung, Wissenschaft und Forschung (Hrsg.) (2007): LauBe – Lernausgangslage Berlin. Schulanfangsphase. Erläuterungen – Anleitungen – Auswertungshinweise. Berlin.
Senatsverwaltung für Bildung, Jugend und Sport (Hrsg.) (2006): Mein Sprachlerntagebuch. Berlin.
Shiffrin, R. M./Schneider, W. (1977): Controlled and automatic human information processing: II. Perceptual learning, automatic attending, and a general theory. In: Psychological Review, 84, 127–190.
Spiess, W. (Hrsg.) (1998): Die Logik des Gelingens. Lösungs- und entwicklungsorientierte Beratung im Kontext von Pädagogik. Dortmund: Borgmann.
Spiess, W./Werner, B. (2001): Mathematikförderung. In: Zeitschrift für Heilpädagogik, 52, 4–12.
Stroop, J. R. (1935): Studies of interference in serial verbal reactions. In: Journal of Experimental Psychology, 18, 643–662.
Szagun, Gisela (2008): Sprachentwicklung beim Kind. Weinheim: Beltz.
Urban, A. (2003): Freie Arbeit von Anfang an. Selbständigkeit und Selbsttätigkeit fördern. In: Grundschulmagazin 7–8, 19–22.
Urbanek, R. (Hrsg.) (2006): Der kleine Tinto. Vorübungen zum Schreiben- und Lesenlernen. Berlin: Cornelsen.
Werner, B. (2003): „Mit der Hundertertafel stimmt etwas nicht" – Mathematikunterricht beobachten und verstehen. In: Balgo/Werning (Hrsg.), Lernen und Lernprobleme im systemischen Diskurs, 233–254. Dortmund: Borgmann.
Wygotski, L. S. (1987): Unterricht und geistige Entwicklung im Schulalter. In: ders., Ausgewählte Schriften, Band 2, 287–306. Berlin: Volk und Wissen.

Register

A
Abspeichern, ganzheitliches 52, 56
Arbeit mit individuellen Lernbegleitern und „Identifikationsfiguren" 37
Arbeit, reflexive 67
Artikulation 143

B
Belohnung 38
Bekräftigung 38
Beratung 18
• Konzept der kooperativen 18
• kooperative 18
Beratungsgespräche 16
Beratungsprozess 20
Bewusstheit
• morphosyntaktische 107
• phonologische 91
• phonologische und morphosyntaktische 87
Bio-psycho-soziale Voraussetzungen des Lernens 12

D
Dehnsprechen 59
Denkfehler 52
Diagnostik, sonderpädagogische 15

E
Ebene, semantisch-lexikalische 115
Entscheidungsfindung 43
Entwicklung
• senso-motorische 58
• Zone der nächsten 15
Entwicklungsziele 33

F
Fehleranalyse, qualitative 52
Feinmotorik 140
Förderprogramm 97
Förderstunde 98
Förderziele 34

G
Gespräche, entwicklungsorientierte 39
Gliederung, artikulatorische und akustisch-phonematische 133
Graphomotorik 57
Grobmotorik 140

I
Impulskontrolle 151

J
Jansen-Leseprogramm 52

K
Kieler Leseaufbau 52
Kieler Rechtschreibaufbau 52
Kognitives Modellieren 40
Kommentiertes Schreiben 59
Kompetenzprofil 16, 29
Kooperation 147

L
Lateralität 141
Lautgetreue Fehler 57
Lehrangebot, „Ich-Nähe" des 38
Lernaktivität 10
Lernausgangslage 14
• Lernausgangslage, Analyse der 27
Lernbeeinträchtigungen 10
Lerndokumentation 122
Lerngruppen, temporäre 86
Lernhandeln 9
• Lernhandeln, Analyse des 10
Lernhandlung 9
Lernkurven 38
Lernstandsanalysen 86
Lernstandserhebungen 86, 87
Lernstruktur 31
Lern- und Arbeitsgewohnheiten 41
Lern- und Leistungsmotivation 148
Lernziele 33
Lesefertigkeit 134

M

Mengenvorwissen 137
Merkfähigkeit, auditive 113
Motivation, intrinsische 75

P

Präferenzdominanz Hand 141
Problemaufriss 24
Prozessmodell, förderdiagnostisches 14

R

Rechenmethode, zählende 63

S

Selbstbild 148
Selbsteinschätzungsleiter 40
Silbenlesen 55
Silbenteppiche 54
Sondierung der Lern- und Lebenssituation 14
Sprachentwicklungsrückstände 112
Sprachförderbedarf 108

T

Team 17
- Team von Helfern 71
Teamarbeit 17, 18
- Handlungskonzept für die Teamarbeit 13
Teamentwicklung 18
Training der Raum-Lage 66

U

Unterstützung, individuelle 14

W

Weltwissen 131
Wert- und Normvorstellungen 14
Wortdurchgliederungsfehler 57
Worttrennschärfefehler 57

Z

Zielerreichungsbogen 47
Zone der nächsten Entwicklung 15

Fitmacher für die Grundschule

Lehrerbücherei Grundschule	ISBN 978-3-589-
Schule und Unterricht	
Gespräche mit Kindern	05137-3
Jungen besser fördern	05144-1
Kinder individuell fördern	05127-4
Lernen lernen von Anfang an. Band I	05082-6
Lernen lernen von Anfang an. Band II	05083-3
Mit Störungen umgehen	05109-0
Rituale für kooperatives Lernen in der Grundschule	05063-5
Selbstständiges Lernen unterstützen	05142-7
Umgang mit „schwierigen" Kindern	05047-5
80 Methoden für die Grundschule	05147-2
Basis	
Erziehen und Unterrichten in der Grundschule NEU	05140-3
Ideenwerkstatt	
35 Unterrichtsideen für jeden Tag	05158-8
Vertretungsunterricht – Deutsch und Musik NEU	05180-9
Kompakt	
Diagnostizieren und Fördern	05150-2
Ganztagsschule – Chancen zur individuellen Förderung	05149-6
Gewaltfreier Umgang mit Konflikten in der Grundschule NEU	05187-8
Inklusion – eine Schule für alle	05164-9
Kreatives Schreiben (6., überarb. Auflage)	05154-0
Lernen in mehrsprachigen Klassen NEU	05143-4
Lernförderung im Team NEU	05188-5

Informieren Sie sich unter der Nummer 0180 - 121 20 20 (3,9 ct/min. aus dem Festnetz der Dt. Telekom) oder in unserem Onlineshop: www.cornelsen-shop.de

Willkommen in der Welt des Lernens

Fitmacher für die Grundschule

Lehrerbücherei Grundschule	ISBN 978-3-58
Deutsch	
Bildungsstandards für die Grundschule: Deutsch konkret	05138-0
Gute Aufgaben Deutsch	05131-1
Lese- und Rechtschreibschwierigkeiten: vorbeugen und überwinden	05120-5
Richtig schreiben lernen von Anfang an	05126-7
Texte bearbeiten, bewerten und benoten	05076-5
Umgang mit Gedichten	05145-8
Basis	
Erziehen und Unterrichten in der Grundschule NEU	05140-3
Lesen lernen in der Grundschule	05156-4
Ideenwerkstatt	
45 Unterrichtsideen Deutsch	05160-1
Unterrichtsideen zu Märchen, Fabeln, kurzen Texten NEU	05169-4
Kopiervorlagen (DIN A4) mit CD-ROM	
Für das Schreiben begeistern	05161-8
Lesekompetenzen gezielt fördern	05153-3
Sprache untersuchen: Schüler individuell fördern	05168-7
Wortschatz trainieren NEU	05170-0
Kompakt	
Deutsch als Zweitsprache – alle Kinder lernen Deutsch NEU	05155-7
Lesekompetenz erwerben, Literatur erfahren (3., überarb. Auflage) NEU	05172-4
Sprache untersuchen und erforschen	05151-9
Sprachunterricht heute (15., überarb. Auflage) NEU	05181-6

Informieren Sie sich unter der Nummer 0180 - 121 20 20 (3,9 ct/min. aus dem Festnetz der Dt. Telekom) oder in unserem Onlineshop: www.cornelsen-shop.de

Willkommen in der Welt des Lernens